Das KZ Natzweiler-Struthof in den Vogesen

und seine Außenlager in Baden, Württemberg und Hohenzollern

Eine Handreichung zum Besuch der Gedenkstätten

Incl. CD-ROM
mit weiteren Bildern

Erarbeitet von:
Eva Bernhardt, Verena Frank, Brigitta Isermeyer, Felix Köhler, Tobias Markowitsch, Richard Melling, Kattrin Rautnig und Eberhard Röhm

Redaktion: Eberhard Röhm, Konrad Pflug

Herausgegeben von der Landeszentrale für politische Bildung Baden-Württemberg
in Zusammenarbeit mit der Landesarbeitsgemeinschaft der Gedenkstätten in Baden-Württemberg

Vorwort

Zahlreiche Besucherinnen und Besucher aus Deutschland kommen jedes Jahr zur Gedenkstätte in den Vogesen, die an das KZ Natzweiler erinnert. Das einzige Konzentrationslager in Frankreich – dort bekannt als „le Struthof“, in Deutschland unter dem Ortsnamen „Natzweiler“ – bestand nach seiner Räumung im Herbst 1944 unter demselben Namen durch die Verlagerung der Kommandantur und durch die zahlreichen, zum Kriegsende entstandenen Außenlager auf deutschem Boden fort. Forschungen ergaben, dass in diesen Außenlagern mehr Menschen aus ganz Europa gefangen gehalten und durch „Vernichtung durch Arbeit“ ums Leben gebracht wurden als im Hauptlager selbst.

In unserem Buch wird daher das Hauptlager in den Vogesen zusammen mit dem sich zum Kriegsende immer mehr verselbstständigenden Netz der „Außenlager“, von den Häftlingen als „commandos“ bezeichnet, dargestellt.

In Frankreich wird im Lagermuseum an den damaligen Alltag, an das Leiden und Sterben der Häftlinge erinnert. Benachbart liegt das im Jahre 2005 eröffnete „Centre Européen du Résistant Deporté – Europäisches Zentrum für die deportierten

Unsere Handreichung soll den Besuchern, Einzelpersonen wie auch Schulklassen oder Gruppen, ein Leitfaden zur Erkundung der Orte wie ihrer Geschichte sein. Sie umfasst daher:

- ein „Logbuch“ für den Besuch in Natzweiler-Struthof an zwanzig „Haltepunkten“,
- eine Übersicht über die zahlreichen Außenlager (-Gedenkstätten) im heutigen Baden-Württemberg,
- eine vertiefende Quellensammlung,
- eine Auswahl an Bildern zu den einzelnen Stationen,
- Anregungen zur Besuchs- bzw. Unterrichtsgestaltung mit diesen Materialien für Schule, Jugend- und Erwachsenenbildung.

Aus den Materialien können für die Teilnehmenden je nach Lernziel und Lerngruppe Arbeitsvorlagen ausgewählt und zusammengestellt werden.

Wir danken der Autorengruppe, die eine Idee von Richard Melling unter der Federführung von Dr. h. c. Eberhard Röhm weiter entwickelt hat, Frau Gymnasialprofessorin a. D. Maria Würfel für die didaktische Grundlegung sowie dem Grafiker Christoph Lang

Widerstandskämpfer“ (CERD). Es dokumentiert die Geschichte des Nationalsozialismus und des europäischen Faschismus, des Widerstands und die Überwindung des Terrors.

In Deutschland erinnern Gedenkstätten an den Orten ehemaliger Außenlager – vorwiegend auf dem Gebiet Baden-Württembergs – an das Leiden und den tausendfachen Tod. Um einen Eindruck vom gesamten „KZ-Komplex Natzweiler-Struthof“ zu gewinnen sollte man nicht nur das Hauptlager, sondern auch eines der Außenlager besuchen. Dann wird klar, dass die Konzentrationslager – neben den Vernichtungslagern wie Auschwitz, Majdanek, Chelmno, Sobibor, Belzec und Treblinka – nicht nur der Einschüchterung und Isolierung politischer Gegner und des Widerstands dienten. Immer mehr baute das Wirtschafts- und Verwaltungshauptamt der SS sie zu einem System der Arbeitssklaverei aus, zur „Vernichtung durch Arbeit“. Mit der erzwungenen Arbeit der Häftlinge, für die die SS der Rüstungsindustrie erhebliche Summen in Rechnung stellte, sollte die kriegswichtige Fertigung von Motoren und Flugzeugen, die Gewinnung von Öl sowie der Betrieb von Flugplätzen in Gang gehalten werden und zum „Endsieg“ beitragen. Dieser blieb aus. Das Vorrücken der Alliierten bedeutete für viele Gefangene aber noch nicht die erhoffte Befreiung. Ihre sinnlose Evakuierung in Richtung der „Alpenfestung“ brachte noch vielen weiteres Leiden und Sterben auf den „Todesmärschen“.

und allen anderen Beteiligten für die Mitwirkung an dieser neuartigen, auf die Besucher wie auf die Bedürfnisse aller Schularten ausgerichteten Arbeitshilfe. Sie stützt die Ziele des Bildungsplanes und will dazu beitragen, Studienfahrten nach Natzweiler-Struthof oder an eine der Gedenkstätten an den ehemaligen Außenlagern in Baden-Württemberg – am besten beides sinnvoll miteinander verbunden – zu einer erkenntnisreichen Erfahrung und einem bleibenden Unterrichtserlebnis zu machen.

Unser Dank gilt auch Frau Dr. Frédérique Neau-Dufour, Direktorin des CERD in Natzweiler, ihrer Vorgängerin Frau Valérie Drechsler und Herrn Professor Steegmann in Strasbourg. Sie alle haben das Redaktionsteam mit ihrem Rat, mit Unterlagen und wertvollen Hinweisen unterstützt. Unser Dank gilt auch Herrn Konrad Pflug, der als Fachreferent für Gedenkstättenarbeit der LpB die Erarbeitung der Handreichung tatkräftig begleitete. Gedankt sei auch allen Personen, internationalen Einrichtungen und Archiven, die uns Bilder, Fotos und Texte für dieses Buch überlassen haben.

Stuttgart, im Oktober 2014

Lothar Frick
Direktor

Inhalt

Dieses Buch und die dazu gehörige CD-ROM verfolgen mehrere Ziele.

- Das Buch ist für die Besucher der Gedenkstätte „Le Struthof" in Natzweiler in den Vogesen ein Guide, der den historischen Ort, die verschiedenen Plätze und Gebäude wie auch die Geschichte dieses einzigen deutschen Konzentrationslagers in Frankreich erschließen hilft. Das Logbuch / Guide (Teil B) ist nach zwanzig thematischen „Halten" auf dem Gelände der Gedenkstätte Natzweiler-Struthof – jeweils gleichbedeutend mit einem Aspekt des KZ-Unterdrückungssystems – aufgebaut. Der jeweiligen Beschreibung eines Halts sind kurze Zitate zur Vertiefung und didaktische Hinweise angefügt.

- Zugleich wird in ihm auf die zahlreichen Außenlager dieses KZ hingewiesen und auf die vornehmlich im heutigen Baden-Württemberg an deren Orten entstandenen Gedenkstätten (Teil C 2). Diese sind eng mit der Geschichte des KZ Natzweiler-Struthof (vgl. Teil C 1) und dem Europäischen Zentrum für die Deportierten Widerstandskämpfer verbunden. Es wird darum der Besuch einer Außenlager-Gedenkstätte zeitlich vor dem Besuch der Gedenkstätte des Stammlagers empfohlen.

- Das „Erweiterte Logbuch" auf der CD-ROM wird ergänzt durch exemplarische Unterrichtsbausteine (Teil B 2) und Exemplarische Arbeitsblätter (Teil B 3). Es werden freilich bewusst nur wenige Beispiele angeboten. Lehrerinnen und Lehrer sollten in eigener Verantwortung – möglicherweise auch zusammen mit Schülerinnen und Schülern – aus der Fülle der angebotenen Texte und Bilder eigene, auf die jeweilige Klassensituation bezogene Bausteine zusammenstellen.

- Dem Buch ist eine CD-ROM beigefügt. Beide zusammen sind eine Handreichung zur Vorbereitung eines Besuchs von Natzweiler-Struthof mit Gruppen (vgl. Teil D). Diese ist dabei besonders an den Bedürfnissen der Schulen ausgerichtet, kann aber auch in der Jugend- und Erwachsenenbildung eingesetzt werden. Der Aufbau nach zwanzig „Halten“ ist ein Maximalangebot, das von jedem Besucher als Orientierung und zur Gliederung des individuellen Besuchsprogramms genutzt werden kann. In der Regel wird eine Gruppe bei einem Besuch in Natzweiler sich nicht mehr als acht Halte intensiv erarbeiten können.

Die CD-ROM enthält alle Texte des gedruckten Handbuches meist in Langfassung. Sie ist zur leichteren Orientierung parallel aufgebaut mit derselben Bezifferung wie im gedruckten Buch.

- Das „Erweiterte Logbuch“ auf der CD-ROM (Teil B 1) wie die umfangreiche Bildersammlung (Teil „Bilder“) sind entsprechend dem gedruckten Handbuch ebenfalls nach den zwanzig örtlich und thematisch definierten „Halten“ gegliedert.
Auf der CD-ROM sind wesentlich mehr – vor allem für den Unterricht bestimmte – Texte und methodische Hinweise zu finden.

Logbuch (Guide)

Gefahr!
TYPHUS

Halt 1 15 MINUTEN

Bahnhof Rothau (1942) [B 01.01]
An der Linie Strasbourg – St. Dié gelegen. Hier endeten die Bahntransporte und begann der Fußmarsch über einen Waldpfad bergan. Der Weg ist heute ausgeschildert.

❖ Rothau war der Verladebahnhof des KZ Natzweiler-Struthof. In Rothau wurden die Neuankömmlinge „ausgeladen" und zu Fuß oder auf Lastwagen in das Lager gebracht. Sie marschierten durch den Wald oder benutzten die von anderen Häftlingen gebaute 8 km lange Straße bergaufwärts, wobei sie einen Höhenunterschied von 450 Metern zu überwinden hatten. (Heute: „Weg der Erinnerung")

Am Kreisverkehr nach dem Ortsschild Rothau biegt man rechts ab, um kurz darauf rechts auf dem Bahnhofsvorplatz zu parken.
Man kann durch das Bahnhofsgebäude zum Bahnsteig gehen (in der Eingangshalle befindet sich eine Gedenktafel).
In Richtung Schirmeck hat man denselben Blick wie auf dem historischen Foto. Zum Vergleich ein aktuelles Foto aufnehmen.

„In der Eingangshalle des Bahnhofs ist eine Tafel angebracht, die an die Nazizeit erinnert:

„ICI DE 1941 A 1944 SONT PASSES DES MILLIERS
DE DEPORTES DE TOUTES NATIONALITES
A DESTINATION DU CAMP DE CONCENTRATION NAZI
DE NATZWEILER-STRUTHOF.
PASSANTS. SOUVENEZ-VOUS DES MARTYRS POUR LA LIBERTE.“

„Von 1941 bis 1944 passierten tausende Deportierte aller Nationen diesen Ort auf dem Weg ins Nazi-Konzentrationslager Natzweiler-Struthof.
Ihr, die ihr vorübergeht: Erinnert euch an die Märtyrer für die Freiheit.“

„Sechs Monate war ich in Block 5 A in Auschwitz. Eines Tages wurden hundert Mann ausgesucht. Es hieß für Aufräumungsarbeiten in Deutschland. Uns wurde ein Brot ausgehändigt und sonst nichts und dann begann der Transport. Wir wussten nicht wohin.
Wir kamen in Viehwaggons, der Boden war mit Stroh ausgelegt. Jeweils 50 Mann in einem Waggon, auf jeder Seite 25 an den Füßen zusammengebundene Häftlinge. Während der ganzen Fahrt konnten wir uns nicht ausstrecken. Es dauerte acht Tage, bis wir in Natzweiler ankamen. Hat sich während des Transportes einer der Häftlinge bewegt, haben die Posten, die inmitten der Viehwaggons auf und ab gingen, mit dem Gewehrkolben zugeschlagen. Unsere Füße und Hände und der Rücken waren wie abgestorben.

Als wir auf dem Bahnhof ankamen, wurden die Waggontüren von den SS-Posten aufgemacht und mit Knüppeln wurden wir aus den Waggons heraus getrieben. Keiner von uns konnte laufen. Sie konnten uns noch so sehr schlagen, es war unmöglich, nur einen Schritt zu gehen, nachdem man acht Tage ohne Bewegungsraum aneinandergefesselt in Viehwaggons transportiert wurde. Die ersten paar hundert Meter konnten wir nur auf allen Vieren krabbeln.“

Der Sinto Gerhard Adam, KZ-Häftling des KZ Natzweiler-Struthof.

Aus: Ziegler 1986, S. 92

Halt 2

20 MINUTEN

Straßenbau oberhalb des Struthof (1941) [B 02.01]
Kolonne von Gefangenen („Arbeitskommando“) auf dem Weg zur Arbeit, möglicherweise zum Steinbruch („carriére“).

❖ Ab der Abzweigung ‚LE STRUTHOF‘ wurde die Straße von KZ-Häftlingen des Straßenbaukommandos ausgebaut.

Am 21. und 23. Mai 1941 kamen die ersten Häftlinge für das Lager Natzweiler-Struthof aus dem KZ Sachsenhausen. Ihre Aufgabe war zunächst die Errichtung einer Straße, auf der man heute bequem hochfährt, sowie der Bau des Lagers auf der Höhe, der sich bis ins Jahr 1943 hinzog.

Für den Unterbau der Straße mussten die Häftlinge mit primitiven Hilfsmitteln zu Fuß Zentner schwere Steine vom mehrere Kilometer entfernten Steinbruch herbei schleppen.

” Straßenbaukommando

„Ich war dem Kommando zugeteilt, das die Straße zwischen dem Lager und dem Steinbruch anlegen sollte. Das war eine echte Sträflingsarbeit. Straßen bauen, wenn Sand und Steine gefroren sind, Löcher in den Felsen oder den gefrorenen Boden graben, um Strommasten aufzustellen, alles und nichts zu transportieren, geschäftig sein oder wenigstens den Eindruck erwecken, um den Stockschlägen und Fußtritten der Kapos oder den Hundebissen der SS-Wachen zu entgehen: das war unser Alltag.

Die Aktivitäten, die in größter Eile und ohne jeglichen Rentabilitätsgedanken durchgeführt wurden, sollten uns nur physisch erschöpfen. Es handelte sich darum, durch körperliche Aussortierung diejenigen zu bestimmen, die in den Produktionsstätten der Kriegsindustrie eingesetzt werden sollten."

Roger Boulanger

Quelle: www.struthof.fr/de/zeugenberichte

Anschließend fährt man mit dem Bus zurück zur Kreuzung, dort geradeaus auf die D 130 – den ‚Chemin des Déportés' (Weg der Deportierten) – Richtung Natzwiller bis zur Abzweigung ‚LE STRUTHOF' links.

Zur Einstimmung auf Halt 3 (Restaurant ‚Le Struthof') kann das „Lied der Moorsoldaten", in der Originalaufnahme von Ernst Busch, evtl. auch eine neuere französische Fassung, abgespielt werden (auf CD-ROM). Dies empfiehlt sich auch zum Beginn der Rückreise als Abschluss des Besuches. Eine moderne Interpretation von Hannes Wader – evtl. zur Nachbereitung des Besuchs - findet sich auf dessen CD „Arbeiterlieder".

Halt 3 10 MINUTEN

„Le Struthof" – ein Erholungsgebiet [B 03.01]
Das Gelände war bis 1940 ein beliebtes Erholungsgebiet, besonders für Strasbourg. Im Sommer wurde gewandert, im Winter Ski gefahren und gerodelt. Das Gebäude im Hintergrund wurde später zur Gaskammer umgebaut.

„Le Struthof" – das Anwesen der Familie Idoux [B 03.03]
Im Vordergrund der Bauernhof, im Hintergrund das Hotel mit der vermutlich noch nicht umgebauten Gaskammer, links oben die treppenartig angeordneten Lagerbaracken. Der Bau des „Kartoffelkellers" ist noch nicht begonnen. Das heutige „Centre Européen du Résistant Déporté" befindet sich etwa rechts oben.

❖ Le Struthof

Das Gelände, auf dem das „KL Natzweiler“ errichtet wurde, war für die Franzosen vor dem Krieg im Sommer eine beliebte Wandergegend, im Winter war es Ski- und Rodelgebiet. In 700 Meter Höhe befand sich seit 1829 die Herberge „Le Struthof“ sowie das Bauerngehöft, die beide der Familie Idoux gehörten. Das heute noch bewirtschaftete Restaurant wurde mit mehreren Nebengebäuden 1906 als Hotel und Restaurant errichtet und 1936 erneuert. Im November 1940 wurde das gesamte Anwesen beschlagnahmt und der SS unterstellt, von wo aus das höher gelegene Lager nach und nach errichtet wurde. Nach dessen Fertigstellung nutzte die SS die Gebäude des Struthof als Kantine, für Büros, Lagerräume und Werkstätten. Das gegenüber dem Hotel liegende Restaurant wurde 1943 zur Gaskammer umgebaut. (Siehe dazu Halt 20)

Beim ersten Hinweisschild zum Restaurant ‚Le Struthof‘ biegt man links ein und hält auf dem Gasthaus-Parkplatz. Zunächst geht der Blick ins Tal zum Struthof, in landschaftliche Idylle. Gegenüber dem Gasthaus führen rechts Stufen bergan.

Hier beginnt der Aufstieg zum Lager. (10 Minuten) Die Treppe aus Häftlingszeiten quert die Kurve der D 130 und geht über in einen Waldweg zur Villa des Lagerkommandanten.

Der Bus fährt mit dem Gepäck allein zum Parkplatz vor dem Museum.

Die Gaskammer links liegen lassen. Sie wird erst am Ende des Besuchs von Natzweiler-Struthof besucht! (Halt 20)

Halt 4 15 MINUTEN

Die Villa gehörte, ehe sie 1940 samt Swimmingpool und Garagen beschlagnahmt und zur Kommandantenvilla umgewidmet wurde, einem Straßburger Fabrikanten.
[B 04.01]

❖ Die Kommandantenvilla

Das Lager wurde bei einer Belegung von 6000 Häftlingen von knapp 200 SS-Leuten bewacht, die vom jeweiligen Lagerkommandanten befehligt wurden. Es gab insgesamt fünf Lagerkommandanten, die teilweise mit ihren Familien in der Kommandantenvilla lebten. Der erste, Hans Hüttig, trat am 31. März 1941 den Dienst an. Ihm folgte am 24. April 1942 Egon Züll. Der dritte Kommandant, Josef Kramer, gehörte bereits seit April 1941 zum Wachpersonal von Natzweiler. Er übernahm die Kommandantur am 4. Oktober 1942 und behielt diesen Posten bis Mai 1944. Ihm folgte bis 23. Januar 1945 Fritz Hartjenstein, unter dessen Führung – kriegsbedingt – die Kommandantur nach Guttenbach in Nordbaden verlegt wurde. Der letzte Kommandant war Heinrich Schwarz (Februar 1945 bis Mai 1945).

” Aussage von Josef Kramer vor dem englischen Militärgericht in Lüneburg:

„Himmler war mein oberster Vorgesetzter, und jeder Befehl, der von ihm kam, war selbstverständlich durchzuführen. Eine andere Ansicht bestand einfach nicht, und einen militärischen Befehl nicht durchzuführen, stand außerhalb jeder Frage."

„Die Gründe, weshalb diese Leute in mein Lager geschickt wurden, gingen mich nichts an. Meine Aufgabe war es, sie entgegenzunehmen. Ob es ein politischer Gegner oder ein Jude oder ein Berufsverbrecher war, ging mich überhaupt nichts an. Ich nahm die Körper entgegen, das war alles."

Aus: Langbein (1995), S. 424, 737.

” Aus einem Brief von Josef Kramer zehn Tage nach seiner Verurteilung zum Tode an General Montgomery:

„Erstens. Ich bin an den mir zur Last gelegten Straftaten für Bergen-Belsen wie auch für Auschwitz vollständig unschuldig.

Zweitens. Ich bin kein Kriegsverbrecher.

Drittens. Ich habe keinen Menschen aus eigener Initiative getötet.

Viertens. Ich war nur Soldat und habe als solcher die Befehle meiner militärischen Vorgesetzten ausgeführt."

Josef Kramer an General Montgomery am 27. November 1945

Zit. nach: Orth (2000), S. 281.

Halt 4 15 MINUTEN

SS-Hauptsturmführer Josef Kramer, Kommandant des KZ Natzweiler-Struthof [B 04.02]
(1906–1945, 1931 Parteimitglied, 1932 SS-Mitglied. Ab 1934 Dienst in Konzentrationslagern)

❖ Josef Kramer, der die längste Zeit das Lager befehligte, war der Urtyp des Kommandanten. Unter seiner Verantwortung wurden in Struthof die Vergasungen durchgeführt. Kramer wurde 1906 in München als Einzelkind geboren. Er wurde streng katholisch erzogen. Nach einer Elektrikerlehre war er eine Zeit lang Angestellter in einem Warenhaus. Von 1925 bis 1933 war er meist arbeitslos. 1931 trat er der NSDAP bei, 1932 wurde er Mitglied in der SS. Im November 1934 begann seine Karriere als einfacher KZ-Wachmann in den Konzentrationslagern Esterwege, Dachau und Sachsenhausen. Im Januar 1939 erfolgte seine Beförderung zum SS-Obersturmführer und zum Adjutanten des Lagerkommandanten von Mauthausen.

Die weiteren Stationen waren: Mai 1940 bis November 1940 Stellvertreter von Rudolf Höß im KZ Auschwitz, November 1940 bis April 1941 Schulung zum Lagerführer in Dachau. Anschließend Versetzung zum Lager Natzweiler-Struthof, dessen Kommandant er im Rang eines SS-Hauptsturmführers bis Mai 1944 war. Anschließend war Kramer für ein halbes Jahr Kommandant von Auschwitz-Birkenau. In dieser Zeit wurde eine Vielzahl an Menschen, allein mehrere Hunderttausend ungarische Juden unter Kramers Verantwortung vergast. Von Dezember 1944 bis

Vor der Villa das Foto von Kommandant Kramer (B 04.02) an einen Baum pinnen, quasi als Steckbrief.

In kurzen Zügen erklären, dass zeitweise die Kommandanten mit ihren Familien hier gelebt haben. Als Beispiel wird Josef Kramer vorgestellt, der von allen Kommandanten am längsten in Nazweiler-Struthof Dienst tat und von dem besonders brutale Taten bekannt sind.
Kramer zeigte bei seinen Vernehmungen nach dem Krieg keinerlei Reue.

Auf dem Gelände unterhalb der Villa befand sich ein großer Gemüsegarten, auf dem die Familie im Herbst gerne Gäste zum Kartoffelfest einlud. Wie ein ehemaliger Häftling im Natzweiler-Prozess aussagte, war der Acker mit Asche aus dem Krematorium gedüngt worden.

April 1945 war Kramer Kommandant des KZ-Lagers Bergen-Belsen.

Bei der Befreiung des Lagers Bergen-Belsen im April 1945 wurde Kramer von britischen Truppen verhaftet und in das Kriegsgefangenenlager Celle eingeliefert. Die „Bestie von Belsen“ wurde im Verlauf des Bergen-Belsen-Prozesses in Lüneburg am 16. November 1945 durch ein britisches Militärgericht wegen Kriegsverbrechen und Verbrechen gegen die Menschlichkeit zum Tod durch den Strang verurteilt.

Kramer zeigte keinerlei Unrechtsbewusstsein. Zunächst leugnete er im Prozess sogar die Existenz der Gaskammern in Auschwitz, später gab er zu, davon gewusst zu haben. Nach Hitlers und Himmlers Tod fühlte er sich nicht mehr an sein Ehrenwort gebunden, über die Verbrechen zu schweigen. Am 13. Dezember 1945 wurde Josef Kramer, 39-jährig, als erster von elf Mitgliedern des Bergen-Belsener Kommandanturstabs, in Hameln hingerichtet.

Halt 5 20 MINUTEN

Das über dem „Kartoffelkeller" neu errichtete Gebäude des Europäischen Zentrums [B 05.01] Architekt: Pierre-Louis Faloci

❖ Das **Europäische Zentrum der deportierten Widerstandskämpfer** (Centre européen du résistant déporté / CERD – Ministère de la défense, France) wurde außerhalb des Lagergeländes über dem „Kartoffelkeller" erbaut und am 3. November 2005 eingeweiht. (Siehe Halt 19)

Betritt man die Eingangshalle, befinden sich rechts in zwei Reihen je sieben Stationen mit jeweils einer interaktiven Stele zum individuellen Abruf von Informationen zu den vierzehn größten KZ- und Vernichtungslagern (Auschwitz, Oranienburg, Sachsenhausen, Flossenbürg, Neuengamme, Stutthof, Majdanek, Dora Mittelbau, Bergen-Belsen, Gross Rosen, Ravensbrück, Mauthausen, Buchenwald, Dachau).

Im Empfangsraum des CERD den Besuch der Gruppe anmelden bzw. die Eintrittskarten lösen. Sie gelten für das gesamte Lagergelände. Das Gepäck kann aus dem auf dem Parkplatz stehenden Bus geholt werden.

Der Erstbesuch mit der Gruppe dient in erster Linie der Anmeldung und einer Vesperpause in der Cafeteria. Die Teilnehmer sollten jedoch den Eingangsbereich wahrnehmen Die Reisegruppe begibt sich in die Cafeteria mit etwa 40 Plätzen (vorherige Anmeldung erforderlich) und nimmt das mitgebrachte Vesper ein. Es gibt Automaten für kalte und warme Getränke, Süßigkeiten, Sandwiches und Nudelgerichte, die in der Mikrowelle erwärmt werden können. Essen, Trinken und Abfall sind auf dem Gedenkareal unerwünscht.

Nach der Essenspause besuchen die Kleingruppen die Darstellung der 14 großen KZ-Lager in der Empfangshalle mit 14 interaktiven Stelen.
Die übrigen Informationsangebote im CERD werden erst später besichtigt (Halt 19).

Jedes Lager ist mit einem Großfoto repräsentiert. Über den Bildschirm lassen sich insgesamt 18 Text- / Bild-Informationen in drei Sprachen abrufen und zwar sowohl ein jeweiliger Kurztext als auch ausführlichere Informationen zu folgenden Themen:

1. Die Ursprünge des Lagers,
2. Die Herkunft der Deportierten,
3. Der Tagesablauf, die Arbeit,
4. Härten und Grausamkeiten,
5. Der Tod,
6. Die letzten Tage des Lagers,
7. Bilanz,
8. Die Nachkriegsprozesse gegen die Verantwortlichen,
9. Erinnerung.

Jedem Lager ist ein exemplarischer Gegenstand zugeordnet. Diese wurden von den Gedenkstätten der Lager aber auch von der Holocaust-Gedenkstätte in Washington bereitgestellt: Ein zerbrochenes Monokel, Teile eines Kamms, eine kleine Stoffpuppe und ein Chemiebuch zeugen vom täglichen Leben im Lager oder von der Zeit „davor“. Ein Behälter von Zyklon B, die Identifikationssäule einer Baracke, der Bügel einer Desinfektionskammer erinnern an die Hölle, den Tod.

Vgl. www.struthof.fr

Halt 6

HALT 6–14 CA. 70 MINUTEN

Henri Gayot: „Le piquet“. Strafstehen hinter dem Lagertor [B 06.01]
So sah das Lagertor aus. Das heutige Lagertor wurde als Kulisse für Aufnahmen für den Film „Das siebte Kreuz“ (Anna Seghers) erbaut und hat wenig mit dem ursprünglichen Tor gemein.

❖ Das Lagergelände

Die ersten Häftlinge, die ab Mai 1941 auf den Struthof kamen, waren in einem Anbau des Hotels untergebracht. Sie hatten zunächst die Zufahrt zum späteren Lagergelände herzustellen sowie die Terrassen für die Häftlingsbaracken anzulegen, von denen im Februar 1942 vier und bis Ende 1942 sieben aufgestellt waren. Das Lagergelände war mit elektrisch geladenem, doppeltem Stacheldrahtzaun gesichert und wurde von bewaffneten Posten auf Wachtürmen beobachtet, sodass eine Flucht kaum möglich war. Bei Dunkelheit wurde das Lager mit großen Scheinwerfern ausgeleuchtet.

Dennoch gelang es im August 1942 fünf Häftlingen, mit einem Auto zu fliehen. Zwei der Häftlinge, die in der Wäscherei des Lagers eingesetzt waren, konnten zwei Offiziersuniformen besorgen.

Die elf Stationen außerhalb und innerhalb des ehemaligen Lagergeländes (Halte 6 bis 14, 17 und 18) sollten die Schülerinnen und Schüler sich in Kleingruppen anhand der historischen Bilder und Informationsblätter in der Black-Box erarbeiten. Sie gewinnen damit ein Bild vom Lageralltag der KZ-Häftlinge.

Die Schülerinnen und Schüler vertiefen ihr Wissen szenisch und ‚verorten' sich fotografisch. Dabei sollen möglichst viele Sinne gefordert sein.

Die Schülerinnen und Schüler können anhand des Lagerplans die Blöcke 3 bis 8 vor Ort abschreiten.

Ein weiterer Häftling hatte Zugang zu einem Fluchtfahrzeug. Nur einer der fünf Flüchtigen wurde wieder aufgegriffen. Man brachte ihn ins Lager zurück, wo er im November 1942 erhängt wurde. (Vgl. Halt 14)

Anfang September 1944 wurde das KZ-Lager bis auf ein kleines Kommando wegen der näher rückenden Front der alliierten Streitkräfte geräumt. Mehr als 5000 Häftlinge wurden in das KZ Dachau und von dort zum Teil auch in Außenlager von Natzweiler in Baden, Württemberg-Hohenzollern, Hessen und der Pfalz überstellt.

Mitte November wurde das Lager endgültig aufgegeben, am 23. November 1944 besetzten amerikanische Truppen das Lagergelände. Die Kommandantur Natzweiler-Struthof unter dem Kommandanten Fritz Hartjenstein, dem ab jetzt nur noch die rechtsrheinisch gelegenen Außenlager unterstanden, wurde nach Guttenbach in Nordbaden verlegt.

Der Lagerkomplex der Außenlager (siehe C 1) bestand bis Kriegsende unter der Bezeichnung „KL Natzweiler" fort.

Halt 6 GESAMTPLAN KZ-LAGER NATZWEILER-STRUTHOF

Halt 1 Bahnhof Rothau
Halt 2 Straße von Rothau zum Restaurant Le Struthof
Halt 3 Restaurant Le Struthof
Halt 4 Die Kommandantenvilla
Halt 5 Das Europäische Zentrum der deportierten Widerstandskämpfer (CERD)
Halt 6 Das Lagertor
Halt 7 Der Alltag hinter Stacheldraht (Appell, Lagerordnung, Unterdrückung)
Halt 8 Die Arbeitskommandos innerhalb und außerhalb des Lagers
Halt 9 Die „Krankenstation“
Halt 10 Der Arrestbunker (Strafen, Brutalität)
Halt 11 Block 13 (Medizinische Experimente)
Halt 12 Das Krematorium
Halt 13 Die Aschengrube
Halt 14 Der Galgen
Halt 15 Die Museumsbaracke (Geschichte des Stammlagers und der Außenlager)
Halt 16 Der Nationale Friedhof und das Nationale Ehrenmal
Halt 17 Die Sandgrube (kleiner Steinbruch mit Straßenwalze)
Halt 18 Der große Steinbruch
Halt 19 Das CERD (Centre européen du résistant déporté) / „Kartoffelkeller“
Halt 20 Die Gaskammer

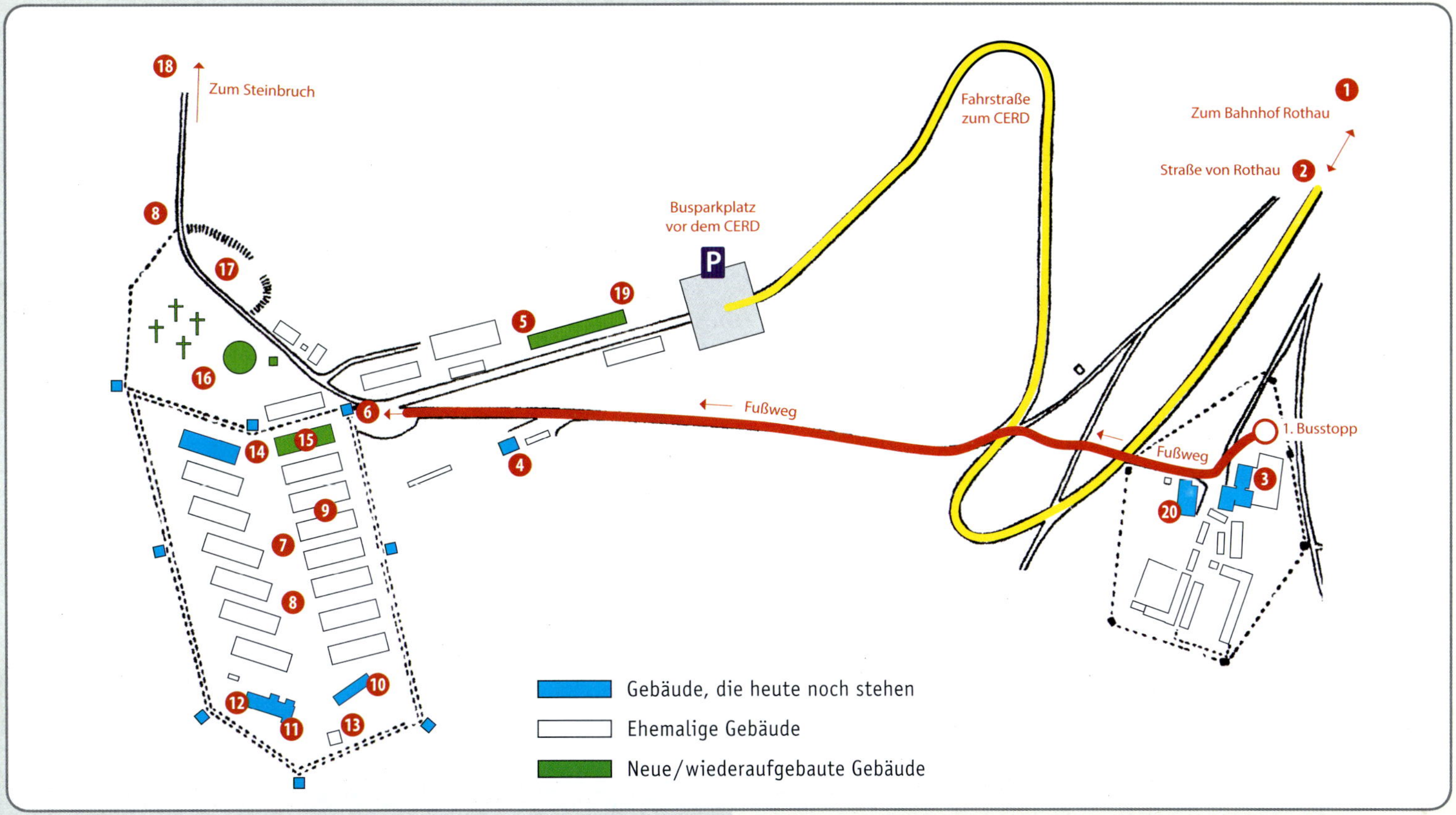
18
Zum Steinbruch
Fahrstraße zum CERD
1
Zum Bahnhof Rothau
Straße von Rothau
2
8
Busparkplatz vor dem CERD
P
17
19
5
16
6
Fußweg
1. Busstopp
Fußweg
14
15
4
3
20
9
7
8
10
12
11
13
Gebäude, die heute noch stehen
Ehemalige Gebäude
Neue/wiederaufgebaute Gebäude

Halt 6

HALT 6–14 CA. 70 MINUTEN

Henri Gayot: Rückkehr von der Arbeit [B 07.03]
Blick auf den Lagervorplatz und das Lagertor von der Straße aus.

Die letzte Baracke unten, nur wenige Meter vom Tannenwald entfernt. Aber das Spinnennetz zwischen ihm und uns zerstört jede Hoffnung auf eine nächtliche Flucht. Man muss den Verstand bewahren. Wir sind jetzt in einem Duschraum angekommen. ‚Alles nackt ausziehen! Aber schnell!'. Es ist ein anderer Häftling, der uns diesen Befehl gibt. Er ist gut angezogen und wohlgenährt. Wir gehorchen in völligem Einklang, so eilig haben wir es, alle diese Beleidigungen, die Schläge, die Schande dieser Erniedrigung abzuwaschen.

Ah, wie gut ist dieses wohltuende Wasser! Wir wissen noch nicht, dass es vom Krematoriumsofen geheizt wird, der im Nebenzimmer untergebracht ist, nur eine Wandbreite von uns entfernt.

Wir sind Automaten geworden, wir werden Automaten sein. Vor jeden von uns wird ein Haufen Lumpen geworfen. Eine Hose, eine Unterhose, ein Hemd, eine Weste, eine Mütze, zwei Lappen – einer für jeden Fuß – und ein Paar Pantinen, Holzsohlen mit Flechtwerk, um sie an den Füßen zu halten. Ein möglichst bunt zusammen gewürfelter Haufen. Es sind alle Farben vorhanden. Es gab ein absolutes Verbot etwas zu tauschen. Wir sehen jetzt aus wie Vogelscheuchen.

” Ankunft im Lager

„Vor uns, etwas zur Linken, zwei Reihen von schwarzen Baracken, die aufeinander zu stehen scheinen, so steil ist der Hang, und von einem doppelten mehrere Meter hohen Zaun aus dichtem Stacheldraht umgeben sind, der eher an ein Fischernetz oder ein Spinnennetz erinnert. Ein Lager, daran besteht kein Zweifel. Hier im Elsass, und so nah an Straßburg! Kräftige Projektoren leuchten die ganze Fläche mit einem nackten und fahlen Licht aus.

Wir gehen hinein und auf Grund des Hangs haben wir das Gefühl eines Abstiegs in die Hölle. Gnade dem, der unterwegs hinfällt. Unsere Peiniger werden ihm sicher nicht verzeihen. Sie brüllen und prügeln immer noch mit der gleichen Energie, dem gleichen sadistischen Vergnügen.

Wir sind in einer Art Büro angekommen, die erste Baracke links, wenn man ins Lager kommt. Alle haben vor Angst Knoten im Magen. Es ist das Aufnahmebüro, wo wir unsere Identität Bürokraten preisgeben müssen, die offensichtlich genau wie wir Häftlinge sind.

Jeder von uns bekommt ein rotes Stoffdreieck mit einem F in der Mitte [1], und ein kleines weißes Rechteck, auch aus Stoff, mit einer Nummer. Alles muss am nächsten Tag auf die Jacken genäht werden, auf der Herzseite.

Nummern sind wir geworden. Wir sind keine Männer mehr. Ich bin nicht mehr Eugène Marlot, ich bin jetzt die Nummer 6149. Es kommt die Zeit des Verfalls.“

Eugène Marlot

Quelle: www.struthof.fr/de/zeugenberichte

1) Rotes Stoffdreieck = politischer Häftling, F = Frankreich

Halt 7

HALT 6–14 CA. 70 MINUTEN

Henri Gayot; „Nuit et brouillard“. Nacht-und-Nebel – Häftlinge beim Appell [B 07.01]
„Nacht und Nebel, (NN)“-Gefangene wurden ohne Benachrichtigung der Angehörigen und ohne die Möglichkeit zum Außenkontakt gefangen gehalten. Sie sollten wie in „Nacht und Nebel“ verschwunden sein.

❖ In Natzweiler existierte im Gegensatz zu anderen großen KZ-Lagern kein zentraler Appellplatz. Die täglichen Appelle fanden jeweils auf den freien Flächen vor den am Hang aufgereihten Baracken statt.

Aufstehen, Frühstück und Appell:
Im Sommer hieß es um 4.00 Uhr morgens aufstehen, im Winter um 6.00 Uhr. Anschließend waschen, egal bei welchen Temperaturen, mit eiskaltem Wasser. Das Frühstück bestand aus einem halben Liter Ersatz-Kaffee oder Tee oder einer dünnen Grieß- oder ‚Sägemehlsuppe‘.

Beim gefürchteten Morgenappell mussten alle zugegen sein, ob krank, sterbend oder gar tot. Wer nicht mehr laufen konnte, musste von den Anderen gestützt oder getragen werden. Der Appell konnte Stunden dauern bei Kälte, Wind und Regen, in vollkommen unzureichender Bekleidung.

Appell und Abendbrot:
Am Abend zurück vom Arbeitseinsatz gab es im Lager erneut einen Appell, wieder langes Stehen. Waren welche gestorben,

„ **Mit der Aufnahme in das Lager war der Häftling der Brutalität der SS unterworfen.**

Dazu regelte die Lagerordnung:

„Jeder SS-Angehörige hat das Recht, von der Schusswaffe Gebrauch zu machen bei einem persönlichen Angriff, bei Meuterei, Widerstand und Fluchtversuch. Alle SS-Angehörigen sind Vorgesetzte und werden durch Abnehmen der Mütze und Annehmen einer strammen Haltung gegrüßt. [...] In der Baracke sind die nächsten Vorgesetzten die Blockältesten, Stubenältesten, bei der Arbeit die Kapos. Die Grenze des Lagers ist die neutrale Zone. Bei Betreten derselben wird ohne Anruf geschossen. [...]

Jede zugewiesene Arbeit hat der Gefangene ohne Widerrede sauber und schnell auszuführen. Bei Nichtbefolgung erfolgt Meldung wegen Arbeitsverweigerung, was besonders schwer bestraft wird. Das Gleiche gilt für Drücken von der Arbeit."

Aus: Vorländer (1978), Dokumente 4

wurden ihre Körper vor den einzelnen Baracken abgelegt. Alles musste zahlenmäßig stimmen.

Das Abendessen:
Wieder einen halben Liter Kaffee-Ersatz oder Tee, 200 Gramm Brot und einen kleinen Würfel Margarine. Das war es.

Die SS-Wachmannschaften überließen die unmittelbare Überwachung und Disziplinierung der Häftlinge der Häftlingsselbstverwaltung, d. h. privilegierten Mithäftlingen, sog. Funktionshäftlingen, die für ihren Dienst als Blockälteste, Stubenälteste, Lagerschreiber und Kapos bei den Arbeitskommandos Privilegien genossen.

Beim „Torstehen" mussten die Häftlinge stunden- oder sogar tagelang am Tor regungslos verharren – die Mütze in der Hand haltend, dem Gespött und den Misshandlungen der SS ausgeliefert. Viele hielten diese Tortur, ohne Essen und Trinken, nicht durch und wurden vor Erschöpfung ohnmächtig.
(Siehe Bild 06.01)

///

Die Arbeitskommandos innerhalb und außerhalb des Lagers – 1

Halt 8

HALT 6–14 CA. 70 MINUTEN

Henri Gayot: „Transport". Häftlinge schleppen Barackenwände zum Lagergelände [B 08.01]
Im Hintergrund Le Struthof und Blick auf den Dernvu-Gipfel. Heute ist diese Landschaft weitgehend bewaldet.

❖ Die Häftlinge wurden in unterschiedlichen Arbeitskommandos innerhalb und außerhalb des Lagergeländes zu meist anstrengenden körperlichen Arbeiten herangezogen. In der Anfangszeit stand der Wegebau, der Bau einer Wasserleitung und der Aufbau des Lagers in Terrassenform im Vordergrund neben dem die Kräfte zehrenden Einsatz im Steinbruch (siehe Halt 18).

Innerhalb des Lagers gab es Kommandos im Dienst der SS und Kommandos für die Bewirtschaftung des Lagers, Tätigkeiten in der Weberei (Herstellung von Netzen zum Torpedotransport), Arbeiten in der Schuhmacherwerkstatt, der Effektenkammer, im SS-Garten und beim Unterhalt der Grünanlagen sowie in der Reparaturwerkstatt für Junkers-Flugzeugmotoren.

Eine besondere Unterdrückungsmaßnahme war der Bau des sog. Kartoffelkellers vor dem Lagereingang, bei dem vor allem NN-Häftlinge eingesetzt wurden (siehe Halt 19).

„ Der Luxemburger Erny Gillen, von Januar 1943 bis März 1944 NN-Häftling in Natzweiler, über seinen Einsatz im Straßenbaukommando:

„Wir mussten an der einen Seite des Wegs Erde und Steine aus einem Hügel heraushauen, auf einen Schubkarren laden und sie auf der andern Seite des Wegs einen Hang hinunterschütten. Das war nicht so einfach, wie man vielleicht glauben mag. Es war Februar, es war kalt, es fror ständig, und immer lag Schnee. Der Boden war hart, die Steine wie festgeklebt, und es kostete unheimliche Mühe, die Hacke ein paar Zentimeter tief in die Erde hineinzuschlagen. Es dauerte eine Ewigkeit, um mit viel gutem Willen auch nur ein paar Schaufeln Erde zu lockern. Auch das Aufladen mit der Schaufel war recht mühselig, da die Erde fast sofort wieder fror, an der Schaufel festklebte und fast nicht herunterzubekommen war. So ist es nicht verwunderlich, dass man normalerweise eine halbe Stunde brauchte, um einen Schubkarren zu füllen. Das mag lang scheinen, aber es war neben der Kälte auch unserer allgemeinen Schwäche zuzuschreiben. Wir hatten keine Kraft mehr, weder in den Armen noch in den Beinen. Was ein Arbeiter in der Freiheit in einer halben Stunde schaffte, dafür brauchten wir einen halben Tag, oder wir schafften es überhaupt nicht.

Diese Schwäche zeigte sich auch beim Schieben der Schubkarren. Mit Aufwand aller Kräfte konnte ich einen kleinen, voll beladenen Schubkarren sechs Meter weiterdrücken, und das auch nur, wenn es nicht zu glatt war und der Schnee nicht zu hoch lag. Dabei musste ich drei oder vier Mal anhalten, ehe ich den Rand des Abhangs erreichte, also eine Distanz von 30 bis 50 Meter bewältigte.

Wir versuchten natürlich, so langsam wie irgend möglich zu arbeiten, um unsere Kräfte zu schonen, wir hoben die Hacke nicht zu hoch und ließen sie gleich wieder auf die Erde fallen, wir beluden den Schubkarren nur sehr sparsam. Eine Hauptregel war, immer in Bewegung zu sein, jedenfalls dann, wenn jemand zu uns herübersah. Wir arbeiteten deshalb sozusagen mit offenen Ohren und Augen, denn es galt, unter keinen Umständen „aufzufallen", das heißt, beim langsamer Treten oder beim Nichtstun erwischt zu werden. Das ging nicht ohne weiteres."

Aus: Gillen (2005), S. 140f.

Das Gespräch der Schüler kann in der Nähe der im Gelände aufgestellten Transportmittel, Schubkarre und Lore, stattfinden.

Halt 8

HALT 6–14 CA. 70 MINUTEN

Rudolf Naess: In der Webereibaracke [B 08.06]

” Schubkarrenkommando

„Bei unserer Ankunft lief entlang des Wegs nach unten ein Stacheldrahtzaun, der von Pfählen mit einer Höhe von dreißig Zentimetern gehalten wurde. Darauf befanden sich kleine, ebenso düstere Schilder: abgebildet war ein Totenkopf mit zwei sich kreuzenden Schienbeinknochen, das Emblem der SS. Und man hatte uns gewarnt: ‚Wenn einer von euch über die Grenze kommt, wird seine Geste als Fluchtversuch angesehen und in diesem Fall hat die Wache den formellen Befehl, sofort zu schießen. Es ist eure Sache, aufzupassen!' Eine Warnung, die man sich nicht zweimal sagen lässt.

Die NN-Häftlinge vom Juli arbeiteten oft in dieser Ecke, wo sie die große Terrasse bauten, die über und außerhalb des Camps liegt, und auf der die Baracken für die SS gebaut wurden.

An derselben Stelle wurden später als Wallfahrtsstätte das Denkmal und die nationale Nekropole errichtet – auch als ein Ort der Besinnung. Dort waren im Juli-August 1943 einige französische NN-Häftlinge umgebracht worden. Sie schoben eine Schubkarre oder trugen einen großen Stein auf diese

Das Kartoffelkeller-Kommando

„Wir bekommen keinerlei Erklärung, aber es spricht sich im Lager herum, dass ein sehr großer Keller gegraben werden soll, ein Kartoffelsilo, über dem Baracken für die SS gebaut werden sollen. Komische Idee.

Uns erwartete eine echte Sträflingsarbeit. Sie bestand darin, hart in diesen enormen Hügel zu hauen, der sich unseren Blicken bot. Zuerst musste ein Teil dieses Berges nivelliert werden. Dann den angesprochenen Keller ausheben, aus dem Felsen, dem Granit. Mit Hacke und Schaufel? Genau! Und unter den Schlägen mit den Stielen dieser Werkzeuge. Ein Haufen Schaufeln und Hacken liegt an der Baustelle bereit. Um das Werkzeug zu komplettieren, acht kleine Loren auf Schienen.

Die Franzosen des ersten Konvois, die so stark unter der Raserei der SS leiden mussten, hatten die Baustelle des Kartoffelkellers bereits am 12. Juli unter anderem mit dem Bau der Schienen für die Loren ‚eingeweiht'."

Max Nevers, französischer NN-Häftling ab Juli 1943 im KZ Natzweiler-Struthof

Quelle: www.struthof.fr

Plattform, jemand stellte ihnen ein Bein oder schubste sie in den Rücken und sie rutschten den Abhang hinunter. Fluchtversuch, die Wache hat geschossen. Mitten ins Ziel."

Eugène Marlot, KZ-Häftling in Natzweiler von November 1943 bis September 1944

Quelle: www.struthof.fr

Die „Krankenstation“

Halt 9

HALT 6–14 CA. 70 MINUTEN

Henri Gayot: „Typhus“ [B 09.01]

❖ Anfänglich existierte nur eine kleine provisorische Krankenstation, die den halben Block 4 mit acht Betten füllte. Bei Auflösung des Lagers im September 1944 umfasste das Krankenrevier sechs Blöcke für mehr als 1200 Häftlinge, gut ein Viertel der damals in Natzweiler-Struthof Inhaftierten: Chirurgie (Block 3 und 4), Allgemeine Medizin (Block 5 und 6), Tuberkulose (Block 7), Typhus (Block 8).

Den ausgebildeten Ärzten unter den Häftlingen, die im Revier Dienst taten, standen so gut wie keine Medikamente und ärztliche Instrumente zur Verfügung. Die Sterblichkeit war darum sehr hoch.

” Erinnerung an die Krankenstation:

„Auf der Krankenstation sah ich viele Häftlinge sterben, weil man sie nicht pflegte.

Nicht weit von mir lag ein 17-jähriger Junge von der Côte-d'Or. Er hatte eine Rippenfellentzündung und hohes Fieber. Man versprach ihm ein Aspirin. Der arme Junge litt furchtbar und sein Todeskampf war etwas Entsetzliches.

Ein anderes Mal hörte ich nachts neben mir rufen. Ich stand auf, ein kranker Italiener bat mich um Kaffee. Ich habe etwas Kaffee gewärmt und ihm zu trinken gegeben. Gierig trank er ihn und dankte mir. Nach kurzer Zeit rief er mich wieder. Ich ging zu ihm. ‚Kaffee', sagte er, ich wärmte wieder etwas Kaffee-Ersatz und gab ihn dem Kranken. Er nahm den Becher mit beiden Händen und trank. Seine großen, starren Augen richteten sich auf mich. Als er getrunken hatte, sagte er ‚grazie' (danke), dann sagte er zweimal, mit bereits tonloser Stimme, das Wort ‚morire' (sterben). Kaum hatte er es ausgesprochen, drückte er meine Hand, ließ den Kopf auf das Kissen sinken und starb.

Wie viele andere habe ich an meiner Seite sterben sehen."

Aus: Comité national (1982), S. 63

Halt 10 HALT 6–14 CA. 70 MINUTEN

Henri Gayot: „Gymnastique". „Leibesübung". Kollektiv-Prügelstrafen durch Blockführer [B 10.01]

❖ Arrestbunker

In den seit Mai 1943 eingerichteten Arrestbunker sperrte man Häftlinge zwischen drei und 42 Tagen bei Wasser und Brot ein. Zur Verdunkelung konnten die Holzläden außen verschlossen werden, sodass die Häftlinge jegliches Zeitgefühl verloren. Wer hingerichtet werden sollte, wurde drei Tage in die eigentlich als Heizungsschächte vorgesehenen Nischen eingesperrt, einem Raum von 1,3 m Höhe und einem Volumen von einem halben Kubikmeter. Dabei konnte er weder liegen, noch stehen, noch sitzen.

Es gab für Natzweiler eine alphabetische Liste mit mehreren Dutzend Straftaten, die mit einer bestimmten Anzahl von Prügeln auf dem Prügelbock geahndet wurden. So gab es für Arbeitsverweigerung fünfzehn Schläge, für Fluchtvorbereitung 25 Stockhiebe. Die Opfer wurden dabei mit Hilfe eines Brettes hinter den Füßen sowie mit Gurten an den Händen auf den Prügelbock gebunden und auf den nackten Hintern geschlagen. Dabei mussten sie die Schläge laut mitzählen. (Vgl. CD-ROM, Bild B 10.04)

Nach: Vorländer (1978), Dokument 7; Awosusi/Pflock (2006), 56f.

” Prügelstrafe

Anlässlich einer Rückkehr an den Ort seiner Deportation erinnert sich Boris Pahor:

„Und jetzt, wo ich vor den offenen Zellen stehe, vor dem Holzbock, auf den derjenige sich nackt bis zum Gürtel legen musste, dem man den Rücken mit einem Ochsenziemer zerfetzen würde, empfinde ich kein Mitgefühl mit ihm, kein Mitleid für die Schläge, die er erhalten hat, ich fühle wieder dieses bewegungslose Schweigen, das die Ränge bis oben auf die letzten Terrassen befiel.

Jemand hatte sich weggestohlen, um sich auszuruhen, hatte sich irgendwo ausgestreckt, ohne sich des Moments bewusst zu werden, an dem sich seine müden Lider geschlossen hatten. Wütende Männer suchten ihn in den hölzernen Stockbetten und den Toiletten, während das Gebell eines Wolfshunds, der durch die plötzliche Spannung nervös geworden ist, die dichte Stille zerriss. In diesem Moment dachte keiner von uns, die wir am Abend in engen Reihen auf den Terrassen des Hanges standen an diesen Holzbock, auf dem jetzt eine Tafel mit der folgenden Aufschrift steht: Prügelbock. Tatsächlich dachten wir nicht so sehr an die Bestrafung, die den Ärmsten erwartete, wir warteten vielmehr auf den Moment, an dem er, begleitet vom lauten und brutalen Lärm der Stiefel, unsichtbar irgendwo hinter uns auftauchen würde und sich dann in dieser hohlen Atmosphäre, allein vor den stummen Reihen wieder finden würde, die pyramidenförmig in den Himmel ragten.“

Boris Pahor

Quelle: www.struthof.fr/de/zeugenberichte

Block 13: Medizinische Experimente

Halt 11

HALT 6–14 CA. 70 MINUTEN

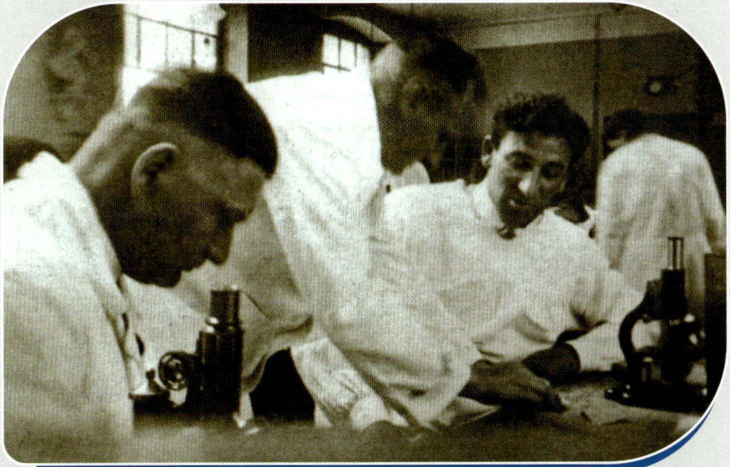

Prof. August Hirt führte Menschenversuche durch, die zum Tode führten [B 11.01]

❖ Block 13

Von Block 13 ist – wie von allen anderen Blöcken – nur noch das Fundament erhalten. In ihm fanden grauenhafte medizinische Experimente statt, zu denen die Häftlinge gezwungen wurden: Teils wurde die Wirkung von Senfgas bei lebenden Menschen erprobt. Es wurden Fleckfieber- und Typhusimpfungen sowie Sterilisationsversuche vorgenommen. Der Straßburger Anatomieprofessor Hirt und seine Kollegen erhielten 86 Jüdinnen und Juden, darunter 29 Frauen, vom Lager Auschwitz, um – nachdem diese in der extra dafür errichteten Gaskammer getötet worden waren – für die „Reichsuniversität Straßburg" eine Skelettsammlung anlegen zu können.

Die Leichen und Teile von ihnen waren nach dem Krieg in den Räumen der Universität Strasbourg noch vorhanden.
Die Überreste der Körper der Juden, die zu den medizinischen Experimenten missbraucht wurden und nach dem Krieg im Rechtsmedizinischen Institut der Universität Strasbourg entdeckt und identifiziert worden waren, wurden am 23. Oktober 1945 auf dem Straßburger Nordfriedhof bestattet. Später wurden sie in ein Massengrab auf dem israelischen Friedhof

„Günther Benjamin, ein Opfer der „medizinischen“ Versuche

Geboren am 20. Dezember 1919 in Berlin als Sohn von Fritz Benjamin (geboren am 11. Juni 1891 in Breslau, am 1. März 1943 nach Auschwitz deportiert und dort umgebracht) und Gertrud geb. Finn (geboren am 23. Januar 1894 in Berlin, ebenfalls am 1. März 1943 nach Auschwitz deportiert und dort umgebracht), verheiratet mit Margot (geboren am 29. Dezember 1920 in Berlin). Arbeitet zuletzt als zwangsverpflichteter Maschinenbauer für wöchentlich 35 Reichsmark bei der Firma Stiller und wohnt bei der Schwiegermutter in Berlin, Prenzlauer Berg, Winsstraße 18, zuvor in Kreuzberg in der Katzbachstraße 26. Wird am 2. März 1943 mit dem 32. Osttransport von Berlin nach Auschwitz deportiert. Am 3. März 1943 kommen mit diesem Transport etwa 1500 jüdische Frauen, Männer und Kinder dort an. Nach der Selektion werden 535 Männer und 145 Frauen als Häftlinge ins Lager geschickt, die übrigen vermutlich 820 Personen sofort in der Gaskammer umgebracht. 30. Juli 1943 Deportation ins KZ Natzweiler-Struthof. Dort am 17. oder 19. August 1943 ebenfalls in der Gaskammer ermordet.

Quelle: www.die-namen-der-nummern.de/86kurzbiographien/ oder Lang (2004), S. 276

Strasbourg-Cronenbourg umgebettet. Am 16. September 1955 wurde dort für die 87 ermordeten Juden eine Gedenktafel angebracht, auf der alle inzwischen ausfindig gemachten Namen verzeichnet sind.

Quelle: Lang (2004), insbesondere S. 209

Weitere Schicksale und Biographien von Opfern der Pseudomedizin finden sich in dem Buch von Julien Reitzenstein „Himmlers Forscher“, 2014.
Schüler können diese im Vorfeld recherchieren und an Ort und Stelle vortragen.

Halt 12 HALT 6–14 CA. 70 MINUTEN

Henri Gayot: „Le crématoire". „Das Krematorium" mit rauchendem Schlot [B 12.01]

❖ Bis Februar 1943 wurden Verstorbene im Krematorium Straßburg eingeäschert. Danach wurden die Toten vorübergehend in einem Gebäude gegenüber dem Hotel Struthof verbrannt, bis das eigentliche Krematorium mit einem neun Meter hohen Kamin am unteren Ende des Lagers errichtet war.

Die Verbrennung der Leichen war für das Dienst habende Personal gelegentlich ein Problem, da oftmals mehr Leichname anfielen, als beseitigt werden konnten. Der für die Aufbewahrung der Leichen vorgesehene Kellerraum reichte bald nicht mehr aus, so dass die Toten in dem Raum neben dem Krematorium gestapelt wurden. Häftlinge berichten, dass in diesem Raum manchmal meterhoch die Leichen lagen. Da auch der zusätzliche Raum bald nicht mehr ausreichte, wurden sie sogar im Freien gestapelt. Der Krematoriumsofen wurde gleichzeitig als Warmwasseraufbereitungsbehälter für die Duschen genutzt. Im Krematorium waren auch vier Haken angebracht, die zur Hinrichtung der Häftlinge dienten.

Im Krematorium befand sich außerdem ein Raum mit aufgestapelten Tonurnen. Die SS trieb Handel mit der Asche der Häftlinge. Die reichsdeutschen Angehörigen konnten die Asche des Verstorbenen für 100 Reichsmark kaufen. Die Identität der

„ Floris B. Bakels, ein NN-Häftling aus den Niederlanden: Der rote Schornstein

„Als Anfang September 1944 die Alliierten heranrückten und Natzweiler evakuiert werden sollte, gingen die Freiheitskämpfer unten in den Tälern zu offenem Widerstand über. Ein Teil der männlichen Bevölkerung wurde daraufhin verhaftet und zur Exekution in unser Lager überführt. Zu Hunderten sahen wir sie hereinströmen. Sie wurden nicht registriert, bekamen weder Nummern noch Lagerkleidung, wurden nicht kahl geschoren oder in Baracken untergebracht. Ihr Weg führte sie geradewegs ins Krematorium. Dort wurden sie erst neben dem Ofen gehängt und danach verbrannt. Als dies immer mehr Zeit in Anspruch nahm – es gab nur vier Haken und die Amerikaner rückten immer näher –, verzichtete die SS auf das Hängen und stieß die französischen Widerstandskämpfer ohne weitere Umstände in den Ofen. An diesen Tagen schlugen die Flammen meterhoch aus dem Schornstein des Krematoriums. Über das Lager wehte der Gestank von verbranntem Fleisch. Im Dunkeln verwandelte sich der hohe Schornstein in seiner ganzen Länge zu einem rot glühenden Mal. Er neigte sich leicht zur Seite."

Aus: Bakels (1979), S. 257

übersandten Asche wie auch die Angaben zur Todesursache blieben fraglich. Es sollte verschleiert werden, dass im KZ permanent gemordet wurde.

Kurz vor Auflösung des Lagers, in der Nacht vom 1. auf 2. September 1944, wurden im Nebenraum des Krematoriums 107 Mitglieder des französischen Untergrund-Nachrichtendienstes „Réseau Alliance" und 35 weitere Resistance-Kämpfer in wenigen Stunden ermordet und verbrannt.

Zu NN (Nacht und Nebelhäftlingen) vgl. CD, T 7.4, T 9.3 sowie UB 7 bis 9.

Die Aschengrube

Halt 13

HALT 6–14 CA. 70 MINUTEN

US-Soldat nach der Besetzung im November 1944 vor dem Urnenregal [B 13.01]

❖ Die Asche der Ermordeten wurde von der SS in eine Grube neben dem Krematorium gekippt. Am selben Ort befand sich auch die Kläranlage des Lagers.

Heute befindet sich an dieser Stelle eine Gedenktafel zur Erinnerung an die Opfer. Der Text auf der Gedenktafel heißt „Ossa humiliata", übersetzt „erniedrigtes Gebein". Er verweist auf Psalm 51, Vers 10: „Lass die Gebeine fröhlich werden, die Du zerschlagen hast." Der weitere Text „Honneur et Patrie" bedeutet „Ehre und Vaterland".

Von den etwa 52.000 Häftlingen, die im Stammlager Natzweiler oder in einem seiner Außenlager festgehalten wurden, starben mehr als 20.000, d. h. 40 Prozent. Allein in Natzweiler-Struthof waren es etwa 3000.

” Sie sollen ruhen in Frieden …

„‚Requiescant in pace‘ – dieses Gebet, das bei jedem Begräbnis in der christlichen Welt gebetet wird, ganz gleich, in welcher Sprache die Gebete oder Gesänge sonst sind, dieses Gebet wurde von niemandem für die Opfer von Natzweiler gesprochen. Möglich, dass irgendjemand in Gedanken für sie betete. Das aber reichte nicht für diese Hölle; hier hätte man schreien müssen, so laut, dass die Baracken in sich zusammengestürzt wären, dass die Bäume umgefallen wären, ja, vielleicht hätten die Mörder aus Natzweiler dann ihre Opfer wenigstens im Tode in Frieden schlafen lassen. Wie hätte man auch erwarten können, dass diese SS-Leute, die nicht den geringsten Respekt vor menschlichem Leben, ja vor dem Leben überhaupt hatten, Respekt vor den Toten hätten! Sie benahmen sich schlimmer als ein Tier, das sein Opfer in Ruhe lässt, wenn es sich nicht mehr rührt, oder das nur aus Hunger tötet.

Die Toten waren in Natzweiler nicht mehr wert als ein Tier. Wenn sie im Schlaf im Bett oder auf der Arbeit starben, mussten sie bis auf den Appellplatz geschleppt werden. Fielen sie bei einem Appell um, wurden sie auf einen Haufen geworfen, brachen sie vor Schwäche oder unter den Quälereien ihrer Henker zusammen, wurden sie durch Kolbenschläge oder Stiefeltritte misshandelt, wurden die Hunde auf sie gehetzt, um sie zu zerfleischen, aber gar diese gehorchten nicht immer den Befehlen ihrer Herren.“

Aus: Gillen (2005), S. 243–246

Die Aschengrube für ehemalige Häftlinge ist ein besonderer Ort des Gedenkens an die im Lager Verstorbenen. Es können entsprechend Blumen niedergelegt werden.

Der Galgen

Halt 14

HALT 6–14 CA. 70 MINUTEN

Henri Gayot: „Pendaisons“ (Erhängungen) [B 14.01]

❖ Der rekonstruierte Galgen steht am historischen Ort unmittelbar unter der heutigen Museumsbaracke. Zur Abschreckung konnten die nicht seltenen Exekutionen von allen Häftlingen gut gesehen werden, wenn sie in Fünferreihen auf ihren Appellplätzen vor ihren Baracken mit Blick auf das Geschehen standen. Vor der Exekution nannte der Kommandant den Grund für die Exekution. Mithäftlinge mussten die Erhängung vornehmen und die Getöteten ins Krematorium schaffen.

Seit 1942 fanden im Lager auch Hinrichtungen von Externen statt. Im ersten Jahr wurden sechs Personen erhängt, 1943 waren es 24. Im Jahr 1944 sollen fast täglich Hinrichtungen stattgefunden haben.

Es gab auch noch andere Formen der Ermordung: Erschießungen in der Sandgrube und andere Formen wie im Juli 1944, als vier Frauen, eine Französin und vier Engländerinnen, Mitglieder der britischen Special Operations Executive (SOE) eingeliefert und von den SS-Ärzten Dr. Rhode und Plazza durch eine Phenolspritze ermordet wurden.

Nach: Steegmann (2006), Bd. 6, S. 31

„Auf Flucht stand der Galgen

Ein holländischer Häftling berichtete:

„Ein Häftling wurde nach kurzer Zeit wieder gefasst und ins Lager gebracht mit einem Schild um seinen Hals, worauf stand: ‚Ich bin wieder da, hurra.' Dann wurde er zum Galgen gebracht und aufgehängt. Dies war am zweiten Weihnachtstag abends vor dem mit elektrischen Lampen brennenden Weihnachtsbaum der SS. Ein Mitgefangener musste gegen die Lade treten, wodurch der Häftling erhängt wurde. Die Dämpfe von der Küche wehten über den Appellplatz.

Der Kommandant sagte: ‚Wenn ihr flüchtet, sollt ihr genauso hängen wie der hier.' Er trat gegen die Leiche, dass sie hin und her baumelte."

Aus: Ziegler (1986), S. 141

Halt 15 25 MINUTEN

In einer wieder aufgebauten Baracke befindet sich heute das Museum zur Geschichte des KZ Natzweiler-Struthof sowie zu den Natzweiler Außenlagern. [B 15.01]

❖ Die Museumsbaracke

Unmittelbar hinter dem Eingangstor zum ehemaligen Lagergelände befindet sich in einer wieder aufgebauten Baracke das Lagermuseum. Eine erste Ausstellung zur Geschichte des KZ Natzweiler-Struthof wurde 1965 eröffnet. Nachdem Nationalisten die Baracke im Jahre 1976 in Brand gesetzt hatten, wurde sie identisch wieder aufgebaut. 1979 wurde das Museum erneut von Vandalen zerstört.

Seit November 2005 erfuhr das Museum eine völlige Neukonzeption. Insbesondere wird jetzt mit Unterstützung von deutschen Außenlager-Gedenkstätten sowie der Landeszentralen für politische Bildung in Baden-Württemberg, Rheinland-Pfalz und Hessen die Geschichte der Außenlager dargestellt.

Im Museum bekommt der Besucher in zehn Räumen einen Eindruck von der Geschichte des Struthof: Vom Wintersportort am Ende des 19. Jahrhunderts bis zum Konzentrationslager 1941 bis 1944. Auch von der Geschichte der KZ-Außenlager auf französischem und deutschem Boden, die nach Auflösung des Stammlagers weiterhin unter der Aufsicht der nach Nordbaden verlegten „Kommandantur des KL Natzweiler" standen.

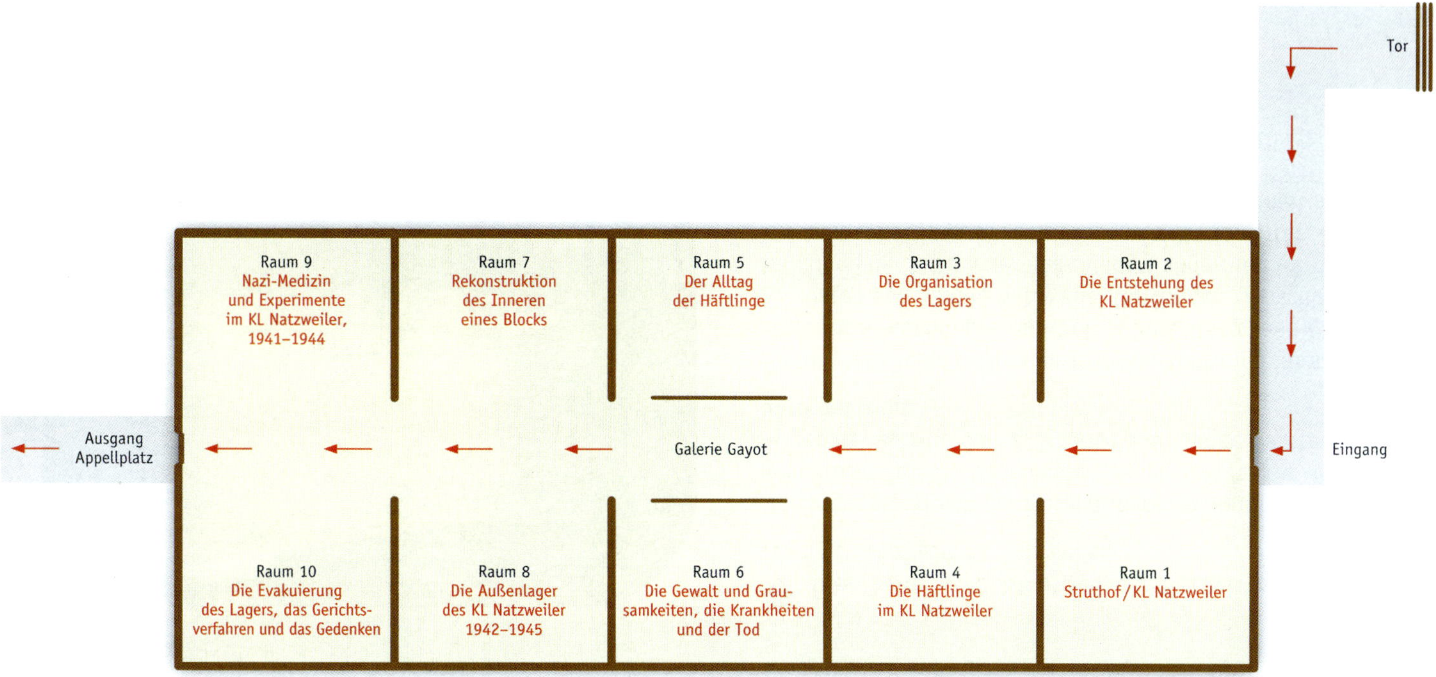
Tor
Raum 9
Nazi-Medizin und Experimente im KL Natzweiler, 1941–1944
Raum 7
Rekonstruktion des Inneren eines Blocks
Raum 5
Der Alltag der Häftlinge
Raum 3
Die Organisation des Lagers
Raum 2
Die Entstehung des KL Natzweiler
Ausgang Appellplatz
Galerie Gayot
Eingang
Raum 10
Die Evakuierung des Lagers, das Gerichtsverfahren und das Gedenken
Raum 8
Die Außenlager des KL Natzweiler 1942–1945
Raum 6
Die Gewalt und Grausamkeiten, die Krankheiten und der Tod
Raum 4
Die Häftlinge im KL Natzweiler
Raum 1
Struthof/KL Natzweiler

Halt 15 25 MINUTEN

Museumsbaracke. Raum, in dem die KZ-Außenlager in Baden-Württemberg repräsentiert sind. In der Vitrine Gegenstände, die aus Außenlagern in Baden-Württemberg stammen [B 15.02]

❖ Der Film „Du Struthof au KL-Natzweiler"

(Vom Struthof zum KL-Natzweiler)

Im Eingangsberreich der Museumsbaracke findet sich neben dem ersten Teil der Daueraustellung auch Platz für wechselnde Angebote. So sind dort z. B. Filme oder Sonderausstellung untergebracht.

Im hinteren Teil der Museumsbaracke steht eine interaktive Stele. Dort können die von Prof. Robert Steegmann gesammelten Daten von 52.000 Natzweiler Häftlingen (einschließlich der Häftlinge der Natzweiler Außenlager) abgerufen werden (Name, Vorname, Häftlingsnummer, Kategorie, Nationalität, Datum der Ankunft im Lager, Herkunft). Die Gedenkstättenleitung sammelt weiterhin Daten von noch nicht erfassten Häftlingen sowie ergänzende Daten zu bereits erfassten Häftlingen, um die Datenbank zu ergänzen.

Einzelne Schülergruppen bekommen unterschiedliche Beobachtungsaufgaben, deren Ergebnisse sie schriftlich festhalten.

▸ Eine Schülergruppe lässt sich von der von der Klasse besuchten Gedenkstätte eines Natzweiler Außenlagers Namen und weitere persönliche Daten von mehreren Häftlingen geben, die dort gefangen waren. Diese werden auf der interaktiven Stele gesucht. Differenzen in den Angaben werden festgehalten.

Weitere Aufgabe:
Was erfährt man über die Natzweiler Außenlager in Baden-Württemberg, insbesondere über das Lager, dessen Gedenkstätte die Klasse besucht hat, noch besuchen wird?

Beim Besuch des Lagermuseums wird das bisher gewonnene Wissen vertieft.

Zwei Themen stehen im Vordergrund:
1. Das Stammlager Natzweiler-Struthof als „Entmenschlichungsmaschinerie".
2. Die Verbindung zu den Außenlagern in Baden-Württemberg, speziell zu dem Außenlager, dessen Gedenkstätte, die Gruppe besucht hat oder noch besuchen wird. (Was ist im Museum über das „eigene" KZ-Außenlager „vor der Haustüre" zu erfahren?)

Die entscheidende Verbindungsklammer liegt in der „Verwertung" der Konzentrationslager und seiner Insassen für die deutsche „totale" Rüstungsindustrie als „Entmenschlichungs- und Todesmaschine". Insofern bietet sich der anschließende Besuch des großen Steinbruchs ‚La Grande Carrière' (Mehrdeutigkeit des Wortes!) an. (Halt 18)

Halt 16 20 MINUTEN (ALTERNATIV ZU HALT 17–18)

Nationales Ehrenmal und Nationaler Ehrenfriedhof [B 16.02]

❖ Oberhalb des ehemaligen Lagergeländes, wo damals Verwaltungs-SS- und Handwerkerbaracken standen, befindet sich heute der Nationale Friedhof (Cimetière national de la Déportation). Hier wurden 1119 ermordete französische KZ-Häftlinge bestattet. 113 kamen in Natzweiler und seinen Außenlagern um. 1006 verstarben in anderen Konzentrationslagern und wurden zwischen 1957 und 1962 hierher umgebettet.

Oberhalb des Nationalen Friedhofs erhebt sich weit sichtbar das am 23. Juli 1960 zusammen mit dem Nationalen Friedhof vom damaligen Staatspräsidenten Charles de Gaulle eingeweihte Nationale Ehrenmal (Mémorial National de la Déportation). Die von Bertrand Monnet entworfene, 41 Meter hohe, spiralförmige Betonsäule symbolisiert die Flamme des Krematoriums. Das Innere ist mit weißen Steinen ausgekleidet. Auf diesen hat der Bildhauer Licien Fenaux die Gestalt eines KZ-Häftlings geschaffen. Eine Schrift an der Wand besagt: „Den Helden und Märtyrern der Deportation vom dankbaren Frankreich" („AUX MARTYRS ET HÉROS DE LA DÉPORTATION LA FRANCE RECONNAISSANTE").

Alternativ zum Besuch des großen Steinbruchs: Besuch des Ehrenfriedhofs und Besichtigung des dahinter aufragenden Ehrenmals.

- Von den 52.000 Natzweiler Häftlingen, waren etwa 35.000 bis 38.000 nie im Stammlager, sondern ausschließlich in einem der Außenlager.
Wie hoch war die Sterberate im KZ-Außenlager der Gedenkstätte in Baden-Württemberg, die die Klasse besucht hat oder besuchen wird?

- Vor dem Besuch der Natzweiler Gedenkstätte bei der Museumsleitung nachfragen, ob aus dem Natzweiler Außenlager, dessen Gedenkstätte die Klasse zuvor besucht hat, ermordete Häftlinge auf den Ehrenfriedhof überführt wurden.

- Zum Gedenken an diese Blumen niederlegen.

Bei der Einweihungsfeier im Juli 1960 wurde in der Gruft des Ehrenmals stellvertretend ein „unbekannter Deportierter" beigesetzt.

Von den 52.000 Häftlingen, die dem Kommando des KZ Natzweiler zwischen 1941 und 1945 unterstanden, haben schätzungsweise 19.000 bis 20.000 (40 Prozent) nicht überlebt.

Die Sandgrube (SS-Hinrichtungsort)

Halt 17

25 MINUTEN (ALTERNATIV ZU HALT 16 UND 18)

Sandgrube, an der Straße gegenüber dem Ehrenmal [B 17.01]

❖ Jenseits der Straße D 130 liegt die Sandgrube (La Sablière) oder der „kleine Steinbruch". Dort fanden Erschießungen durch die SS statt. Auf einer Gedenktafel ist zu lesen: „In Erinnerung an die Widerstandskämpfer aller Nationen und die 17 jungen Patrioten aus Ballersdorf und Umgebung im Departement Oberelsass, die hier in den Jahren 1941 bis 1944 von den Nazis hingerichtet wurden."

Im Gegensatz zu den Erhängungen waren bei den Erschießungen kaum andere Häftlinge anwesend, weshalb über diese Vorgänge wenig bekannt ist.

Neben der Kiesgrube steht heute eine Straßenwalze. Häftlinge des Lagers Schirmeck mussten sie beim Straßenbau von Hand ziehen.

Alternativ zum Besuch des großen Steinbruchs (Halt 18): Besuch der Sandgrube jenseits der D 130: ‚La Sabliere'. Rückkehr zum CERD (Halt 19)

” Erny Gillen: Elf Luxemburger und Franzosen sterben für die Freiheit ihrer Mitmenschen

Der ehemalige luxemburgische KZ-Häftling Erny Gillen beschreibt die Ermordung von elf Widerstandskämpfern aus Luxemburg und Frankreich, die die Gestapo verhaftet und nach Natzweiler deportiert hatte. Sie wurden noch am Tag ihrer Ankunft in der Kiesgrube von der SS erschossen:

„Der ‚normale' Empfang war ein wohl berechnetes Täuschungsmanöver der SS-Lagerleitung, was man wahrscheinlich erst am späten Nachmittag des 19. Mai zu realisieren begann. Zu diesem Zeitpunkt erst wurden nämlich die ersten Anzeichen festgestellt, die auf eine bevorstehende Hinrichtung hindeuten konnten. Ein hellhöriger Luxemburger, Roger Wagener, der sich im Lager als Zahnarzt betätigte, schlussfolgerte richtig aus dem ungewohnten Zeitpunkt, zu dem die ‚Neuzugänge' zur Schreibstube bestellt wurden, dass sich etwas Schreckliches anbahnte.

In der Tat wurden die ‚Neuzugänge' zur angegebenen Stunde, gegen 17 Uhr, bei der Schreibstube vorgeführt, wo ihnen wahrscheinlich ihr Todesurteil mitgeteilt wurde, ein ‚Urteil', das eine Hand voll SS-Gangster in Berlin, am Schreibtisch, unter Missachtung aller juristischen Bestimmungen selbstherrlich gesprochen hatten. Direkte Zeugenaussagen über die Vorgänge bei der Schreibstube sind nicht bekannt. Einige Häftlinge, die die zum Tode Verurteilten jedoch etwa eine Stunde später aus der Ferne beobachten konnten, berichteten, dass sie gefasst und würdig wirkten.

Gegen halb sieben – die Arbeitskommandos waren bereits eingerückt, die Lagerhäftlinge waren auf ihre Stuben geschickt, über dem Lager lag eine unheimliche Ruhe – da kam für die Todgeweihten der Befehl zum Antreten am Lagertor. Umgeben von einer starken und schwer bewaffneten Eskorte von SS-Leuten, geführt von mehreren SS-Offizieren, schritten die elf Gefangenen zum Tor hinaus. Einer von ihnen, Ernot Lorang, hob hierbei die Hand zum Gruß.

Der Weg zur Kiesgrube war nicht weit. Hier jedoch endete auch der Weg durchs Leben von elf Menschen, die für ein Ideal gekämpft und ihr Leben dafür eingesetzt hatten. Zwei Gewehrsalven hallten über den Berghang. Elf Menschen brachen, von Kugeln durchbohrt, zusammen. Die fernen Zeugen im Lager hielten den Atem an. In Stille gedachten sie dieser neuesten Opfer eines erbarmungslosen Nazismus."

Aus: Gillen (2005), S. 235–237

Halt 18 MIT BUS 55 MINUTEN (ALTERNATIV ZU HALT 16–17)

Rudolf Naess: Steinbruchskizze, mit Aufseher Ernst Jäger, der „Ochse“ genannt [B 18.02]

den Lebensbedingungen besonders hart war. Viele Häftlinge kamen dabei ums Leben.

Ab Mai 1943 bekam das DEST-Werk in Natzweiler den Auftrag, in die Kriegswirtschaft einzusteigen. In vierzehn im Steinbruchbereich erstellten Baracken hatten die dafür abgestellten und unter der Aufsicht der DEST stehenden Häftlinge für die Junkers Flugzeug- und Motorenwerke AG Motoren abgeschossener Flugzeuge auszuschlachten. Die Junkers-Werke stellten Werkzeuge und Geräte zur Verfügung und zahlten zwei Reichsmark pro Arbeitsstunde. Andere Natzweiler Häftlinge wurden durch die DEST als Arbeitskommando in das Trippelwerk[1)] in Molsheim geschickt. Sie arbeiteten dort in Tag- und Nachtschicht. Bei der Räumung des Natzweiler Lagers im September 1944 waren immer noch 430 bis 450 Häftlinge in der Rüstungsfertigung eingesetzt. Häftlinge, die nicht in der körperlichen Verfassung waren, in der Produktion zu arbeiten, mussten Patronengürtel für die Firma „Schwarz und Co“ weben.

Ein weiterer Arbeitsauftrag für die Häftlinge ab dem Jahr 1943 bestand im Stollenbau. Es war geplant, unterirdische Fabrikräume zu schaffen, in denen Rüstungsbetriebe – geschützt vor Bombenangriffen – produzieren sollten. Drei solcher Stollen

❖ Im September 1940 hatte der Geologe SS-Standartenführer Karl Blumberg die oberhalb von Natzweiler gelegenen Granitfelsen auf ihre Brauchbarkeit für Naziprachtbauten in den geplanten „Führerstädten" untersucht. Hitlers Lieblingsarchitekt, der Reichsminister für Rüstung und Kriegsproduktion Albert Speer, wollte u. a. Berlin und München zu entsprechenden Prachtstädten umbauen. Dies gab den Ausschlag, dass ab Mai 1941 in etwa 800 Meter Entfernung des damals bereits aufgelassenen Steinbruchs das KZ-Lager Natzweiler-Struthof eingerichtet wurde. Sommer wie Winter hatten jetzt KZ-Häftlinge für das Teilwerk des SS-Unternehmens Deutsche Erd- und Steinwerke GmbH (DEST) mit Sitz in Rothau den roten Granit zu brechen und zu schlagen.

Zunächst hatte der größere Teil der Häftlinge in dem hügeligen Gelände das terrassenförmig angelegte Lager zu errichten und mit dem aus dem Steinbruch gewonnenen Material die Zufahrtsstraßen zu bauen sowie die Terrassen für das KZ-Lager zu befestigen. Bis Ende 1942 arbeiteten lediglich 190 bis 250 Häftlinge im Granitsteinbruch selbst, um Steine für Prachtbauten zu schlagen. Der Ausbau des Lagers hatte Vorrang, ebenso die parallel begonnene Rüstungsproduktion, für die 400 Häftlinge abgestellt waren.

Das ursprüngliche Ziel der DEST, mit Granitblöcken für den Neubau von Führerstädten einen Gewinn für die SS einzufahren, wurde nie erreicht. Die schweren Blöcke mussten von den Häftlingen zum Verladen getragen werden, was unter den bestehen-

waren geplant. Bei den dafür notwendigen Sprengarbeiten, die unter geringen Sicherheitsvorkehrungen durchgeführt werden mussten, wurden viele Häftlinge getötet oder schwer verletzt. Die Stollen sind nie in Betrieb genommen worden.

Ab Juli 1943 arbeiteten vor allem russische Kriegsgefangene im Steinbruch. Die mörderischen Arbeiten wurden immer mehr auch als Strafmaßnahmen verhängt wegen vermeintlicher oder tatsächlicher Verstöße gegen die Lagerordnung. Zu den harten Arbeitsbedingungen kamen noch die Schikanen der SS-Leute und der Funktionshäftlinge als Aufsichtspersonal hinzu. So erlaubte im Hochsommer die SS den Häftlingen nicht, während der Arbeit zu trinken und ließ neben den schwerstarbeitenden Häftlingen Wasser laufen, das im Sand versickerte.

Nach: Orth (1999), S. 97ff.; Pingel (1991), S. 141–152; Steegmann (2005 a und b); Uhlmann (2005), S. 165–187; Winau (2005), S. 165–178

1) Die Firma stellte Gelände- und Schwimmwagen sowie Torpedos her.

Halt 18 ZU FUSS: 75 MINUTEN, MIT BUS 55 MINUTEN

Barackenlager im Steinbruch von oben [B 18.05]

” Straßenbaukommando

„Ich war dem Kommando zugeteilt, das die Straße zwischen dem Lager und dem Steinbruch anlegen sollte. Das war eine echte Sträflingsarbeit. Straßen bauen, wenn Sand und Steine gefroren sind, Löcher in den Felsen oder den gefrorenen Boden graben, um Strommasten aufzustellen, alles und nichts zu transportieren, geschäftig sein oder wenigstens den Eindruck erwecken, um den Stockschlägen und Fußtritten der Kapos oder den Hundebissen der SS-Wachen zu entgehen: das war unser Alltag.

Die Aktivitäten, die in größter Eile und ohne jeglichen Rentabilitätsgedanken durchgeführt wurden, sollten uns nur physisch erschöpfen. Es handelte sich darum, durch körperliche Aussortierung diejenigen zu bestimmen, die in den Produktionsstätten der Kriegsindustrie eingesetzt werden sollten.“

Roger Boulanger

Quelle: www.struthof.fr/de/zeugenberichte

” Der Steinbruch

„Es handelte sich darum, aus diesem Berg einen sehr bekannten rosa Granit zu brechen, der bei den Herren des großen Reichs sehr gefragt war. Ein Berliner Unternehmen, die Deutsche Erd- und Steinwerke GmbH, hatte sich den Steinbruch, das Lager und die Umgebung sehr schnell zu Eigen gemacht. Die DEST war bereits auf den Abbau von Steinbrüchen des gleichen Typs in Deutschland und in den eroberten Ländern spezialisiert, um dort die Steinblöcke zu hauen, die für die Errichtung der kolossalen Monumente und gigantischen Paläste zu Ehren des großen Reichs gebraucht wurden.“

Roger Linet

Quelle: www.struthof.fr/de/zeugenberichte

▸ Fahrt mit dem Bus zum Steinbruch.

Die ‚Erforschung' von ‚La Grande Carrière' erfolgt anhand von Abbildungen aus der Black-Box:
B 18.02 ‚Steine brechen',
B 18.07 ‚Flugzeugmotoren demontieren',
B 18.09 ‚Aushub von Stollen für geplante Untertage-Produktionsstätten' (das Ganze ein Teil der ‚Verwertungs-Maschinerie' des Stammlagers im Dienste der deutschen Wirtschaft).

▸ Vergleich mit der industriellen Verwertung der Häftlinge im heimatlichen KZ-Außenlager.

Halt 19 30 MINUTEN

Der „Kartoffelkeller“, ursprünglicher Zustand. Siehe auch Halt 5. [B 19.1]

Raum, in dem ein Film zur jeweiligen Sonderausstellung gezeigt wird. Gibt es keine, trifft der Besucher auf einen in einer Endlosschleife von zwei Minuten abgespielten Film mit eindrücklichen Fotos aus dem KZ-Leben, denen ein vom Natzweiler Häftling Eugène Marlot verfasstes, in drei Sprachen (französisch, englisch, deutsch) gesprochenes Gedicht „Sei gegrüßt, Bruder“ unterlegt ist. (Vgl. CD-ROM, Halt 19)

Auf der linken Seite der Empfangshalle kommt man über einen durch Licht und Schatten gestreiften Gang zu einem Endlosfilmangebot in drei Sprachen, der die Geschichte des KZ Natzweiler-Struthof und seiner Außenlager in 13 Minuten kurz vorstellt. Geht man am Raum mit dem Film vorbei, sieht man eine in den Boden eingelassene Steinplatte mit einer Skulptur, die einen bis auf die Knochen abgemagerten Menschen, einen „Muselmann“, darstellt.

Eine Kopie der Figur befindet sich seit 2004 auch auf dem Pariser Friedhof Père Lachaise. Sie steht stellvertretend für die Opfer des Lagers Natzweiler-Struthof und wurde unter Beteiligung deutscher Gemeinden, auf deren Territorien sich Außenlager befanden, dort errichtet. Nun kann man rechts eine Treppe hinabsteigen.

❖ Am 3. November 2005 eröffnete Staatspräsident Jaques Chirac das neue, nach Plänen des Architekten Pierre-Louis Faloci vor dem Gelände des ehemaligen KZ-Lagers errichtete, dreistöckige Dokumentationszentrum des europäischen Widerstands. Den Kern der 2.000 qm großen Ausstellung bildet der sog. „Kartoffelkeller", das einzige authentische größere Bauwerk des Lagers. Es handelt sich um ein in mühsamer Arbeit von Häftlingen errichteten Keller aus Stahlbeton, der nie vollendet wurde und dessen eigentliche Zweckbestimmung die Historiker bislang nicht ergründen konnten.

Dieser – im wortwörtlichen Sinne – Vorbau will den Besucher mit dem umfassenden Kontext der Natzweiler Lagergeschichte noch vor dem Besuch des Lagergeländes im engeren Sinne konfrontieren. Es soll ihm bilderreich einerseits die dunkle Seite der durch das KZ-System repräsentierten nationalsozialistischen Gewaltherrschaft wie überhaupt des Faschismus in Europa und andererseits die letztendlich siegreiche Geschichte des vielfältigen Widerstands gegen jegliche Art der Diktatur vor Augen geführt werden. Die Ausstellungsgestalter rechnen nicht unbedingt mit der bis ins Einzelne gehenden Beschäftigung der Besucher mit der Überzahl an historischen Fotos und Dokumenten, sondern setzen mindestens ebenso sehr auf die emotionale Wirkung von Schatten und Licht in der Raumgestaltung, die Erinnerungen wecken und Nachdenklichkeit auslösen sollen. Geht man rechts leicht abwärts, befindet sich ein abgedunkelter

Im Stockwerk unter der Eingangshalle befindet sich der wieder frei gelegte, schwach beleuchtete 70 Meter lange „Kartoffelkeller", um den ein Gang für die Besucher gelegt wurde. Der gegliederte Kellerraum musste unter großen Qualen zwischen 1943 und 1944 durch Natzweiler Nacht- und Nebel-Häftlinge in den Fels gesprengt und mit Beton ausgebaut werden.

Man kann heute nicht mehr bestimmen, wozu die Räume hätten dienen sollen, sei es als Munitionsdepot, Schutz-, Fabrik- und Vorratsraum oder als Folterkammer. Er ist heute Symbol für die mörderische Häftlingsarbeit einerseits und deren Sinnlosigkeit andererseits, und gleichzeitig auch ein Symbol für das nie ganz Aufzuklärende dieser Geschichtsepoche. Um den Kartoffelkeller führt ein U-förmiger Umgang.

Auf der Außenseite des Umgangs findet der Besucher hinter erleuchteten Glaswänden vierzehn Module mit einer Vielzahl an Fotos und Dokumenten, Plakaten und Zeitzeugenaussagen. Dargestellt ist die Geschichte Europas seit 1918, absteigend zur Geschichte des Faschismus und der Nazidiktatur, aufsteigend zur europäischen Widerstandsgeschichte von 1933 bis in die Nachkriegszeit und zum Aufbau der Europäischen Union.

An den Wänden neben den beleuchteten Flächen sind Behälter mit Folien in deutscher Sprache. Diese werden auf die hellen Flächen gelegt und zeigen die Übersetzung der französischen Texte.

Halt 19 30 MINUTEN

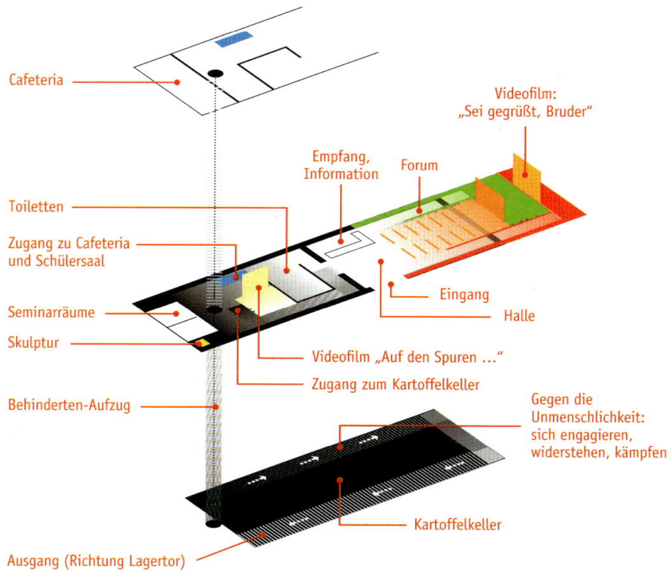

❖ Die vierzehn historischen Abschnitte sind mit einer kurzen Einführung dreisprachig (französisch, englisch, deutsch) erläutert. Die einzelnen Fotos und Dokumente tragen nur französische Unterschriften.

Die Gesamtaussage der Bilderwand lautet: Die Unmenschlichkeit konnte überwunden werden, nicht nur in Deutschland, sondern auch in ganz Europa, nicht nur die Verbrechen der Nazis, sondern auch die der anderen Faschisten (Italien, Spanien usw.). Engagement und Widerstand sind weiterhin nötig und möglich. Wachsamkeit ist geboten. Dafür stehen die Helden des Widerstands in ganz Europa.

Über eine Treppe gelangt der Besucher ins Freie und hat dabei das Eingangstor zum Gelände des ehemaligen KZ-Lagers vor sich.

Als Abschluss Aufenthalt im CERD:

- Gang durch den Kartoffelkeller
- Literaturangebot
- Kaffeepause (Toiletten)

Bei einem eintägigen Aufenthalt werden Schüler an die Grenze ihrer Aufnahmefähigkeit stoßen, um noch das Informationsangebot im CERD ausführlich wahrnehmen zu können.

Empfohlen wird darum, den Rundgang im „Kartoffelkeller" zu durchschreiten und den thematisch gewollten Raumeindruck auf sich wirken zu lassen (Abstieg in das Dunkle der Gewaltherrschaft und der befreiende Aufstieg in eine bessere Zukunft Europas).

Die vorherige Beschäftigung mit der NS-Geschichte und der Geschichte des Widerstands in Europa ist zu empfehlen, sodass schon bekannte Bilder wieder erkannt werden und es zur vertieften Beschäftigung mit dem einen oder anderen Thema kommt.

Im Obergeschoß des „Zentrums der deportierten Widerstandskämpfer" befinden sich die Cafeteria-Automaten. Auf der Ebene der Eingangshalle stehen Besuchergruppen nach vorheriger Anmeldung zwei Seminarräume mit Whiteboards, Rechner und Beamer zur Verfügung.

Halt 20 20 MINUTEN

Die ehemalige Gaskammer [B 20.01]
Siehe auch die Bilder bei Halt 3.

geschahen im Auftrag der SS-Wissenschaftsorganisation „Ahnenerbe“. Die Leichname wurden an die Universität Straßburg geschafft. Das grausame „wissenschaftliche“ Vorhaben konnte nicht zu Ende geführt werden: Am 23. November 1944 wurde Straßburg von US-Truppen befreit.

Hans-Joachim Lang hat in mühsamer Kleinarbeit die Namen der 86 Opfer identifiziert und veröffentlicht. Die Namen stehen auf einer im Juli 2005 im Gebäude der ehemaligen Gaskammer angebrachten Tafel. Am 11. Dezember 2005 wurden die 86 Namen auch auf einem Grabstein auf dem jüdischen Friedhof in Strasbourg-Cronenbourg festgehalten, wo die Überreste der Leichname bestattet sind.

August Hirt wurde am 2. März 1953 von einem Militärgericht in Metz in Abwesenheit zum Tode verurteilt. Dem Gericht war nicht bekannt, dass Hirt bereits am 2. Juni 1945 in der Gegend des Schluchsees Suizid begangen hatte. (Vgl. auch Information zu Halt 11 / „Block 13“)

Nach: Lang (2004); als Fischer-TB (2007)

❖ Gegenüber dem Restaurant Struthof befindet sich ein einstöckiges Gebäude, ursprünglich ein Nebengebäude des Hotelkomplexes, der Ball-Saal, den der Lagerkommandant Josef Kramer im April 1943 zu einer Gaskammer umfunktionierte.
Es wurden mehrere Räume eingebaut, zum Teil mit gekachelten Becken, die mit Holz abgedeckt werden konnten. Der Vergasungsraum war kaum zehn Quadratmeter groß. Er konnte mit einer Eisentür dicht gemacht werden. Die tödlichen Kristalle, die sich im Raum zu Gasen entwickelten, wurden über einen Trichter eingefüllt.

Bei den Vergasungen handelte es sich nicht um Massenvernichtungen wie in Auschwitz, sondern um Tötungen im Rahmen von „medizinischen Experimenten und um die Gewinnung von Skeletten als Ausstellungsobjekte“. Verantwortlich waren der Straßburger Professor für Anatomie August Hirt und Professor Otto Bickenbach. Unter anderem wurden Versuche mit Schutzmitteln bei Vergiftungen mit dem Kampfgas Phosgen und Versuche mit Senfgas durchgeführt. Im August 1943 ließ Prof. Hirt 86 in Auschwitz „selektierte“ jüdische Häftlinge – 29 Frauen und 57 Männer aus acht europäischen Ländern – in der Gaskammer von Natzweiler umbringen, um für seine Skelettsammlung an der Reichsuniversität Straßburg Präparate zu bekommen.
Die am 11., 13., 17. und 19. August 1943 vollzogenen Tötungen

Vom CERD-Busparkplatz nach kurzer Fahrt nach dem ersten Hinweisschild „CHAMBRE A GAZ“ rechts abbiegen.

Die Schülerinnen und Schüler sammeln in den kleinen beengten Räumen still und individuell – ohne Erklärungen – Eindrücke.
Danach kann auf dem Vorplatz oder auch im Bus in angemessener Weise über das KZ-Stammlager Natzweiler-Struthof als „Tötungs- und Mord-Maschinerie“ im Dienst der NS-Wissenschaft („unwertes“ für „wertes“ Leben) gesprochen werden.

RÜCKFAHRT
Der Reisebus begibt sich auf den Rückweg (siehe Anfahrt).
Die Rückfahrt beginnt für die Schülerinnen und Schüler mit dem Ausfüllen des Fragebogens der Black-Box. Das Ergebnis ist Anknüpfungspunkt und Grundlage für die Rückschau im späteren Unterricht.
Nach der Abfahrt kann als Abschluss des Besuches nochmals das „Lied der Moorsoldaten“ gespielt werden.

Halt 20 20 MINUTEN

” Aussage des ehemaligen KZ-Häftlings Rudolf Guttenberger (deutscher Sinto):

„Mit einem Kastenwagen wurden wir weggefahren. Nach wenigen Kilometern hielt der Wagen an. Während der Fahrt weinte ein Häftling bitterlich. Der hatte von seinem Kapo erfahren, dass mit uns Gasversuche gemacht würden. Wir wollten das nicht glauben. Dieser Häftling hieß Zuckero Rebstock. Er war ein ungarischer Zigeuner.

Noch im Wagen konnten wir erkennen, dass draußen SS-Ärzte und SS-Leute mit Wolfshunden herumstanden. Die Türe wurde geöffnet. Es wurde gerufen: ‚Vier Mann raus!' Daraufhin sprangen vier Häftlinge raus. Dann wurde die Türe wieder geschlossen. Ich habe über das Geschehen draußen keine Beobachtungen gemacht. Ich hatte mir aber vorgenommen, bis zum Schluss im Auto zu bleiben. Die Türe öffnete sich ein zweites Mal.
Wieder mussten vier Mann raus. Da war ich auch dabei.
Wir standen erst einmal draußen, scharf bewacht von SS-Leuten. Ein Professor stellte sich vor. Er wäre aus Berlin.
Er war in Zivil, hatte einen Arztkittel an. [...]

zweite mit meinem Holzschuh in eine Ecke bei der Tür. Ich teilte meine Beobachtung den übrigen drei Häftlingen mit.
Nach ca. zwei bis drei Minuten setzte ein schrecklicher Hustenreiz ein, die Brust schmerzte. Ich kann das am besten beschreiben mit einem Ätzen auf der Brust. Während des Herumgehens um den Ventilator beobachteten uns die Ärzte durch ein Fensterchen in der Wand, Größe ca. 20 x 20 cm. Der Professor fragte mich persönlich zwischendurch, ob tatsächlich beide Ampullen auf dem Boden zerbrochen seien. Ich habe das trotz der Scheibe gut verstanden und geantwortet, dass beide Ampullen zerbrochen seien. Das fragte er mich mindestens dreimal.

Als die Versuchszeit zu Ende ging, hörte ich plötzlich das Einschalten eines Ventilators, der sich an der Decke in einem Schacht befand. Dieser Ventilator war sehr hochtourig.
Im gleichen Zeitpunkt öffnete der Professor die Türe einen Spalt, so dass ein kräftiger Durchzug entstand, der bewirkte, dass das Gas nach oben abzog. In dem Moment, wo der Ventilator sich in Bewegung setzte und sich langsam die Türe öffnete, trat ich blitzschnell auf die zweite, noch nicht zerstörte Ampulle und atmete dadurch noch einmal eine größere Menge Gas

Die Gebäude sahen wie folgt aus: es war ein landwirtschaftliches Gebäude. In einem Vorraum zu diesem Gebäude, der durch zwei große Tore verschließbar war, die aber jetzt geöffnet waren, stand ein Tisch, auf dem sich verschiedene ärztliche Instrumente befanden. Ich weiß noch, dass Spritzen darauf lagen und Trinkbecher und einige Flaschen. Der Professor klärte uns auf, was er mit uns vorhatte. Wir brauchten keine Angst zu haben, es würde niemand sterben, er mache Gasversuche mit uns. Er versprach uns für danach gute SS-Verpflegung. Mich fragte er: ‚Sind Sie Herr Guttenberger?' Ich war überrascht, dass er mich kannte, merkte aber dann, dass er die Liste mit den Häftlingsnummern hatte, die auf meiner Jacke aufgenäht war. Vorher hatte einer von den vier Häftlingen eine Spritze bekommen, einer bekam etwas zu trinken (ein Glas Flüssigkeit), und zwei Häftlinge, darunter war ich, bekamen nichts. Der eine, der nichts bekommen hatte, bekam unmittelbar nach dem Versuch eine Spritze. Ich blieb folglich als einziger ungeschützt. Während der Einnahme der Schutzmittel waren die Ärzte anwesend. Der Professor diktierte seinem Assistenten die Einzelheiten betreffend die einzelnen Häftlinge.

Wir wurden dann in die Gaskammer eingewiesen. Bevor die Tür geschlossen wurde, warf der Professor zwei Ampullen auf den Betonboden und schloss die Türe sogleich. Ich erkannte sofort, dass lediglich eine Ampulle zerbrochen war und schob die ein. Der Professor, der das Knacken des Glases wohl gehört hatte, schaute mir plötzlich ins Gesicht, weil er sich nicht sicher war, ob es das Zerbrechen der Ampulle war oder nicht. Ich war geistesgegenwärtig und zeigte keine Erschrockenheit. Nachdem wir die Gaskammer verlassen hatten, wurden wir nicht mehr untersucht. Bevor die letzten vier Häftlinge in die Gaskammer geführt wurden, waren wir bereits nicht mehr da."

Aussage des Sinto Rudolf Guttenberger, KZ-Häftling in Natzweiler-Struthof, vom 4. Juni 1981 im Rahmen eines Nachkriegsprozesses. Bundesarchiv Außenstelle Ludwigsburg, Signatur 419 AR-Z 90/80. Zit. nach: Awosusi/Pflock (2006), S. 37f.

C Das Stammlager Natzweiler-Struthof und seine Außenlager

Zur Geschichte des Stammlagers Natzweiler-Struthof und seiner Außenlager

Die Gedenkstätten der Natzweiler Außenlager in Baden-Württemberg

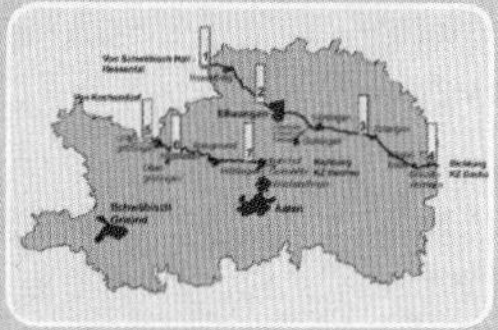
Schwäbisch Gmünd
Aalen

Die seit Frühjahr 1934 ausschließlich unter der Gewalt der SS stehenden Konzentrationslager waren ein wesentlicher Bestandteil des NS-Unterdrückungssystems. Sie dienten der Inhaftierung politischer Gegner und aus sozialen oder rassischen Gründen Verfolgter.

In der ersten Periode bis 1936 war der Zweck dieser Lager vor allem, die inneren politischen Gegner auszuschalten, insbesondere die Mitglieder der verbotenen Organisationen der Arbeiterbewegung.

In der zweiten Periode von 1936 bis 1942 verfolgte die SS mit vielen Neugründungen zunehmend wirtschaftliche Interessen und beutete die Arbeitskraft der Häftlinge aus, sodass sich die Zwangsarbeit zu einem zentralen Merkmal des Haftvollzugs entwickelte. Ab Ende 1941 kamen im Osten die Vernichtungslager hinzu, in denen vor allem Juden, Zigeuner, sowjetische Kriegsgefangene und andere Bevölkerungsgruppen systematisch getötet wurden. Die dritte Periode von 1942 bis 1945 ist gekennzeichnet durch

- die rücksichtslose Ausbeutung der Arbeitskraft der gegen Ende des Krieges bis zu 700.000 KZ-Häftlinge aus ganz Europa im Dienste einer sich ausdehnenden Rüstungsindustrie,

Das Stammlager Natzweiler-Struthof war im Mai 1941 eröffnet worden und hatte im Laufe der Jahre unterschiedliche Funktionen zu erfüllen. An seiner Geschichte kann die Vielfalt der Zweckbestimmungen eines KZ in der dritten Phase aufgezeigt werden. Ausgangspunkt für die Errichtung des Stammlagers Natzweiler-Struthof war das wirtschaftliche Interesse der SS am Abbau von Bausteinen, rotem Granit aus einem benachbarten Steinbruch. Das Material war zunächst bestimmt für Prachtbauten Albrecht Speers, Hitlers Lieblingsarchitekt und Städteplaner. Ab 1943 wurde das oberhalb des Struthof errichtete Lager zum Ort schlimmster Qualen für westliche Widerstandsgruppen, insbesondere für die sog. NN-Häftlinge (Nacht- und Nebel-Häftlinge). Es waren meist Mitglieder des Widerstands, die ohne Kontakt nach außen verschwinden sollten. Der abgelegene Ort diente dem Reichssicherheitshauptamt auch als Exekutionsstätte für Russen und Polen wie für zahlreiche Widerstandskämpfer aus der Region sowie für einige gefangen genommene alliierte Militärangehörige. Eine weitere Zweckbestimmung des Stammlagers Natzweiler-Struthof waren Menschenversuche mit Giftgas und Fleckfieberimpfstoffen sowie Tötungen zum Zwecke der „Ahnenerbforschung“ durch Professoren der „Reichsuniversität Straßburg“. Ein Drittel der Häftlinge, die für die Versuche herhalten mussten, verstarben unmittelbar

- die Entstehung von rund 1.000 KZ-Außenlagern,
- eine hohe Sterblichkeitsrate („Vernichtung durch Arbeit"), sowie
- eine Vielzahl von Todesmärschen nach Auflösung der Lager.

Von den so beschriebenen Konzentrationslagern zu unterscheiden sind Arbeits- und Arbeitserziehungslager, Kriegsgefangenenlager und die Vernichtungslager des Ostens.

Das Stammlager Natzweiler-Struthof

Das in den Vogesen oberhalb Schirmeck in einer Höhe von 758 Metern angesiedelte Stammlager Natzweiler-Struthof und die von dessen Kommandantur beaufsichtigten links- und rechtsrheinischen Außenlager zeichneten sich im System der Konzentrationslager durch zwei Besonderheiten aus. Natzweiler-Struthof war einerseits das einzige deutsche Konzentrationslager auf französischem Boden, andererseits blieb die Kommandantur des KZ Natzweiler – auch nach der im September 1944 beim Herannahen der US-Armee erfolgten Auflösung des Stammlagers – bis Kriegsende bestehen. Die Kommandantur wurde nach Guttenbach und benachbarte Orte in der Gegend von Mosbach/Baden verlegt. Kommandant SS-Obersturmbannführer Friedrich Hartjenstein übte von dort aus weiterhin die Aufsicht über drei Dutzend noch bestehende, ja zum Teil erst nach dem September 1944 entstehende Natzweiler Außenlager aus.

nach dem Experiment. Schließlich unterstanden der – bis zu deren Verlegung auf rechtsrheinisches Gebiet – in Rothau untergebrachten Kommandantur zahlreiche KZ-Außenlager.

Natzweiler-Struthof gehörte nicht zu den ganz großen Konzentrationslagern. Bis März 1942 waren nicht mehr als 500 Häftlinge im Lager untergebracht. Ihre Zahl stieg kontinuierlich an: Im April 1943 waren 1.500, ein Jahr später bereits das Doppelte und bei der Räumung des Lagers im September 1944 waren 6.000 Häftlinge im Lager oberhalb des Struthof untergebracht.

Die Außenlager von Natzweiler

Die vorliegende Handreichung geht davon aus, dass dem Besuch der Gedenkstätte Natzweiler-Struthof der Besuch einer ortsnahen Gedenkstätte eines Natzweiler Außenlagers in Baden-Württemberg vorausgeht. Dies macht methodisch-didaktisch Sinn. Die primäre Anknüpfung an ein KZ-Außenlager in der Nähe macht Schülerinnen und Schülern bewusst, dass der in den Konzentrationslagern ausgeübte Terror gegen Kriegsende unübersehbar den deutschen Alltag beherrschte. Andererseits ermöglicht der Besuch sowohl einer Gedenkstätte eines Außenlagers als des neu gestalteten Museums für das Stammlager Natzweiler-Stuthof den Vergleich, um so markante Unterschiede innerhalb des gewaltigen KZ-Systems kennen zu lernen. Dies gilt sowohl hinsichtlich der funktionalen Veränderungen der

Lager, die gemeinhin als KZ bezeichnet werden, als auch hinsichtlich der durchaus unterschiedlichen Überlebenschancen in einzelnen Lagern.

In Baden-Württemberg gab es keines der großen Konzentrationslager wie Dachau, Flossenbürg, Buchenwald oder Bergen-Belsen und auch keines der Vernichtungslager des Ostens wie Majdanek, Belzec, Sobibor, Chelmno, Treblinka und Auschwitz-Birkenau. Es gibt daher auch keine groß ausgebaute, mit hauptamtlichem Personal ausgestattete Gedenkstätte – von der Gedenkstätte KZ Oberer Kuhberg in Ulm einmal abgesehen –, die an die Frühzeit von 1933 bis 1935 erinnert.

Typisch für unser Bundesland sind die KZ-Außenlager „vor der Haustür", deren Geschichte relativ spät entdeckt und erforscht wurde. Sie stellen eine charakteristische Erscheinung der Strukturveränderung bzw. Funktionserweiterung im System der Konzentrationslager ab 1942 dar. Ihre Zahl stieg sprunghaft im letzten Kriegsjahr an: Bedingt durch die militärischen Ereignisse, besonders die Luftangriffe der Alliierten auf die Rüstungsindustrie und die Treibstoffproduktionsstätten, wurden ab Anfang 1944 eine große Zahl von Rüstungsteilbetrieben unter Tage verlagert und auf viele kleine Standorte verteilt.

SS-Normen und ein Prozess der „Entgrenzung" hin zur Bevölkerung vor Ort waren unvermeidlich. Im Zuge der Rüstungsproduktion in überschaubaren, oft ortsnahen Baustellen und Rüstungsbetrieben, in die die KZ-Häftlinge eingebunden waren, kam es zu einem immer stärkeren Kontakt mit zivilen Vorarbeitern wie auch der Bevölkerung. Diese Entwicklung bedeutete freilich nicht, dass das Leben der Häftlinge in den Außenlagern erträglicher geworden wäre. Im Gegenteil: Die angespannte Lebensmittelversorgung, die rücksichtslosen Arbeitsbedingungen und Arbeitszeiten, die auch in den Außenlagern angewandte Strafpraxis, wie vor allem die in fast allen Lagern seit Ende 1944 aufkommenden ansteckenden Krankheiten, schufen Lebensumstände, die sich kaum von denen in den großen Konzentrationslagern unterschieden. Dies zeigt sich besonders an den hohen Sterbeziffern, die in einzelnen Außenlagern bis zu 40 Prozent, im Sterbelager Vaihingen Enz sogar 62 Prozent betrugen.

Die Bedeutung des Besuchs nicht nur der Stammlagergedenkstätte, sondern auch einer Gedenkstätte eines KZ-Außenlagers lässt sich auch daran ermessen, dass insgesamt mehr KZ-Häftlinge in den Natzweiler Außenlagern festgehalten wurden als im Stammlager und viele im Natzweiler Nummernbuch regis-

Die fehlenden Arbeitskräfte wurden durch KZ-Häftlinge ersetzt, unter ihnen seit Anfang 1944 – entgegen jeglicher bisherigen Ideologie und Strategie – auch eine große Anzahl von Juden, die aus den Vernichtungslagern des Ostens, besonders aus Auschwitz, nach Westen transportiert wurden, um hier ihre Arbeitskraft ausbeuten zu können. Die Zahl der neu errichteten KZ-Außenlager stieg sprunghaft an von 72 im Jahr 1942, über 190 im Jahr 1943 auf 588 im Jahr 1944. Gegen Ende des Krieges gab es knapp 1000 KZ-Außenlager. Im Januar 1945 waren etwa 700.000 Häftlinge in Konzentrationslagern inhaftiert. Die meisten von ihnen arbeiteten in der Rüstungsindustrie und sollten letztlich „durch Arbeit vernichtet werden".

Der Befehlsgewalt der Kommandantur des KZ Natzweiler-Struthof waren rechtsrheinisch etwa drei Dutzend KZ-Außenlager bzw. Außenkommandos unterstellt, die unterschiedlich lange existiert haben. Allerdings wurden nach Räumung des Stammlagers im September 1944 und der Verlegung der Kommandantur nach Guttenbach/Baden die Lagerführer der einzelnen Außenlager zunehmend selbständig. Hinzu kam eine gravierende Änderung in der Zusammensetzung der Wachmannschaften. Angesichts der steigenden Zahl an Außenlagern und Häftlingen war die SS nicht mehr in der Lage, die Bewachung mit eigenen Kräften zu bestreiten. Die Mehrzahl der Wachleute waren Wehrmachtsangehörige, oft Luftwaffensoldaten, die zwangsweise der SS unterstellt wurden. Die allmähliche Auflösung strenger trierten Häftlinge das Stammlager nie betreten haben. All dies lässt den Besuch einer der kleineren Gedenkstätten in unserem Land als äußerst sinnvoll erscheinen. Man schätzt, dass von den insgesamt vom Konzentrationslager Natzweiler-Struthof registrierten 51.000 bis 52.000 Häftlingen 35.000 bis 38.000, also mehr als zwei Drittel, nie im Stammlager, sondern nur in einem Außenlager gewesen sind. Einzelne Außenlager erreichten Belegungszahlen, die an die des Stammlagers heranreichten oder diese sogar überstiegen: so z. B. Bisingen (4000), alle „Wüstenlager" zusammen (15.000), Neckarlager (5.500), Leonberg (Höchstbelegung 3.200, alle Häftlinge in einem Jahr zusammen mindestens 5000).

Ein letzter, wichtiger Unterschied zwischen dem Stammlager Natzweiler-Struthof und den Außenlagern in Baden-Württemberg besteht auch darin, dass nur von den Außenlagern aus, nicht aber vom bereits im September 1944 aufgelösten Stammlager die verheerenden Todesmärsche am Ende des Krieges in Gang gesetzt wurden. Auf ihnen sind möglicherweise mehr Menschen gestorben als in der Zeit des Bestehens der Außenlager.

Literatur: Glauning/Pflug: Arbeit (2004), S. 8–18; Glauning: Entgrenzung (2006), S. 141–157; Benz/Distel: Der Ort des Terrors, Bd. 6 (2007)

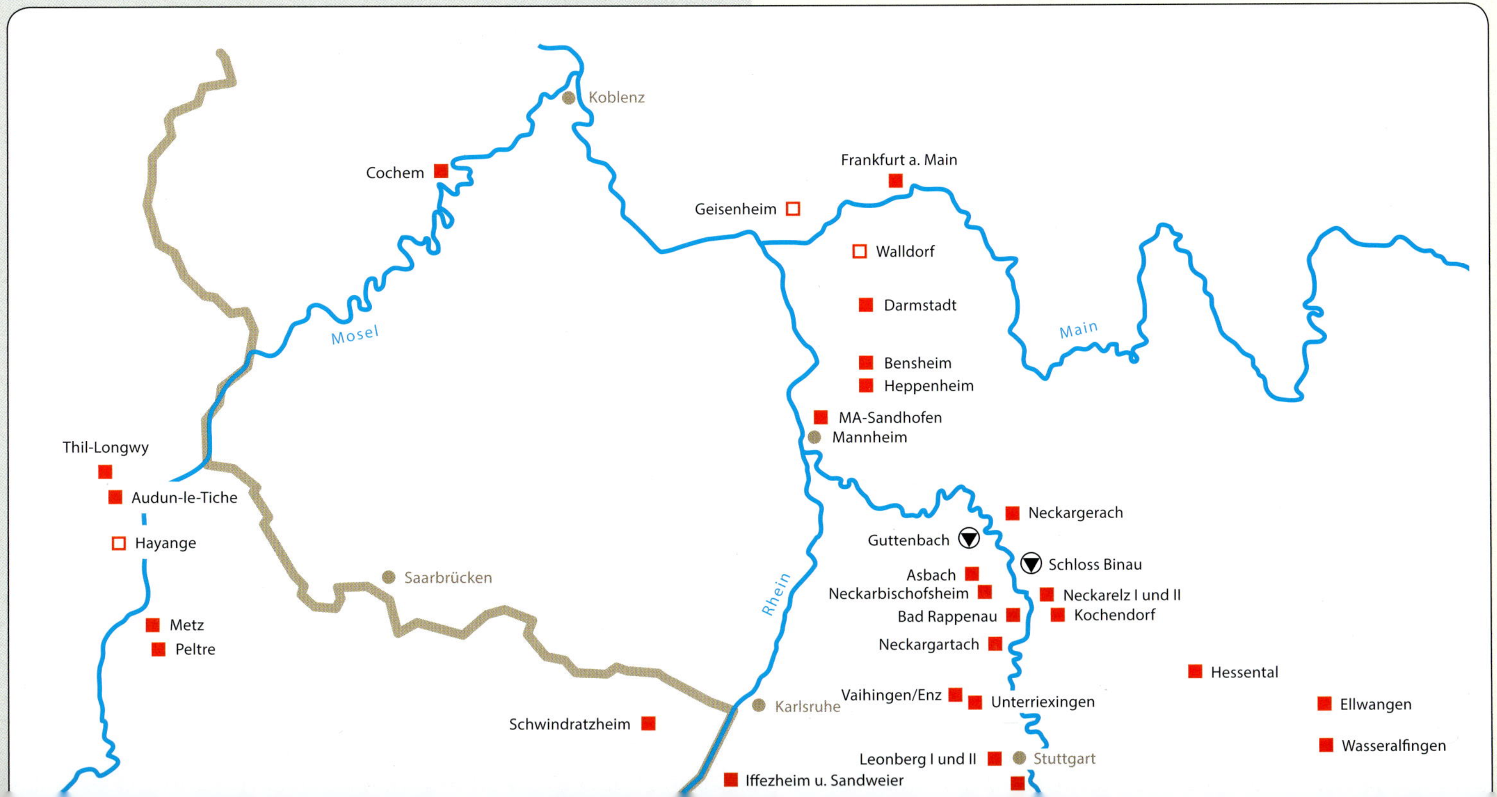
Koblenz
Cochem
Frankfurt a. Main
Geisenheim
Walldorf
Darmstadt
Mosel
Main
Bensheim
Heppenheim
MA-Sandhofen
Mannheim
Thil-Longwy
Audun-le-Tiche
Hayange
Neckargerach
Guttenbach
Schloss Binau
Saarbrücken
Asbach
Neckarbischofsheim
Neckarelz I und II
Rhein
Bad Rappenau
Kochendorf
Metz
Peltre
Neckargartach
Hessental
Vaihingen/Enz
Karlsruhe
Unterriexingen
Ellwangen
Schwindratzheim
Leonberg I und II
Stuttgart
Wasseralfingen
Iffezheim u. Sandweier

Stammlager Natzweiler

Guttenbach: Kommandantur ab November 1944

Schloss Binau: Bekleidungs- u. Effektenkammer ab November 1944

Außenlager

Reine Frauenlager

Bekannte Städte (als Orientierungshilfe)

Um das gesamte Lagersystem Natzweiler Struthof mit seinen Außenlagern erfassen zu können, wird empfohlen, möglichst vor der Fahrt nach Natzweiler eine Gedenkstätte zu einem der Außenlager in Baden-Württemberg zu besuchen. Sie finden hier die wichtigsten Angaben über diese Orte. Eine ausführliche Beschreibung der entsprechenden Gedenkstätte findet sich auf der CD-ROM Ziffer C 2.

Jede Begleitperson, die einen Besuch im Stammlager Natzweiler-Struthof plant, sollte zuvor rechtzeitig mit einer Außenlager-Gedenkstätte ihrer Wahl Kontakt aufnehmen und sichüber die speziellen Angebote für Schulklassen informieren.

Dabei kann sie auch erfahren, mit welchen Informationen, Bildern und Gegenständen das betreffende KZ-Außenlager in der Museumsbaracke in Natzweiler-Struthof (Halt 15) dargestellt ist.

Wichtiger Hinweis:

Wenn Sie einen Besuch in einer Außenlager-Gedenkstätte planen, wird empfohlen, möglichst frühzeitig per E-Mail oder Telefon Kontakt aufzunehmen.

Sie können sich dann über die aktuellen Öffnungszeiten, besondere Veranstaltungen und sonstige Angebote informieren. Da alle Gedenkstätten ehrenamtlich arbeiten, können die ausgedruckten Öffnungszeiten aktuell sich geändert haben.

Bei frühzeitigem Kontakt können Sie sich über spezielle Angebote für Schulklassen informieren.

Dabei können Sie auch erfahren, mit welchen Informationen, Bildern und Gegenständen das betreffende KZ-Außenlager in der Museumsbaracke in Natzweiler-Struthof (Halt 15) dargestellt ist.

Bad Friedrichshall-Kochendorf

1. Ehemaliges KZ Kochendorf

Zur Geschichte

Im Januar 1944 kommt die Rüstungsindustrie nach Bad Friedrichshall-Kochendorf. Mit immensem Aufwand soll in den letzten Kriegsmonaten das dortige Salzbergwerk zu einer gewaltigen Rüstungsfabrik ausgebaut werden. Die SS lässt eigens für die Arbeiten ein Konzentrationslager in Kochendorf errichten.

Die Arbeitsbedingungen sind mörderisch: Über 200 jüdische und andere KZ-Häftlinge kommen ums Leben. Als die SS das KZ vor der heranrückenden US-Armee räumt, sterben auf einem Todesmarsch zum KZ Dachau über 200 weitere Häftlinge. Die Ausstellung in einer abgebauten Salzhalle ist in den Rundgang des Besucherbergwerks integriert: Hier mussten die KZ-Häftlinge 1944/45 Zwangsarbeit verrichten.

Träger der Einrichtung: Miklos-Klein-Stiftung

Kontakt:
Markus Schön, Telefon: 07136 955530;
c/o Bürgermeisteramt, Rathausplatz 1, 74117 Bad Friedrichshall;
markus.schoen@sf-p.de

Öffnungszeiten:
Das Besucherbergwerk ist vom 1. Mai bis Ende Oktober geöffnet. Einfahrten samstags, sonntags und feiertags von 9.30–16.00 Uhr, mittwochs von 14.00–16.00 Uhr.
Eintritt:
Erwachsene € 9,–
Kinder € 5,–
Gruppen ab 20 Personen € 7,–

2. KZ-Gedenkstätte Bisingen Museum „Mut zur Erinnerung – Mut zur Verantwortung"

Zur Geschichte

Das KZ Bisingen war eines von sieben KZ-Außenlagern des Unternehmens „Wüste". Unter diesem Decknamen mussten insgesamt rund 15 000 Häftlinge am Fuß der Schwäbischen Alb Ölschiefer abbauen, aus dem Treibstoff für den „Endsieg" gewonnen werden sollte. Allein in das KZ Bisingen wurden ab August 1944 rund 4200 Häftlinge, darunter über 1000 Juden, deportiert. Die Schieferölproduktion, an der auch die SS großes Interesse zeigte, war eines der zahlreichen wahnwitzigen und sinnlosen Rüstungsunternehmen der Endkriegsphase, dem Tausende von Häftlingen zum Opfer fielen. Im KZ Bisingen starben rund 1200 Häftlinge; 1158 liegen auf dem KZ-Friedhof begraben. Die im November 2006 neugestaltete Ausstellung „Mut zur Erinnerung – Mut zur Verantwortung" in der Kirchgasse 15 veranschaulicht diese Geschichte zusammen mit einem Geschichtslehrpfad.

Kontakt:

Gemeinde Bisingen, Heidelbergstraße 9, 72406 Bisingen;
Telefon: 07476 896-414; Franziska.Blum@bisingen.de;
www.bisingen.de. (Ausstellung)
Verein Gedenkstätten KZ Bisingen c/o Uta Hentsch,
Obere Halde 7, 72406 Bisingen; Telefon: 07471 3898;
Uta.Hentsch@t-online.de

Öffnungszeiten:

Sonntag 14.00–17.00 Uhr und auf Anfrage

Besondere Angebote für Lehrer und Schüler:

Führungen durch die Ausstellung und über den Geschichtslehrpfad sind jederzeit nach Anmeldung möglich (Anmeldung Telefon: 07476 1053). Spezielle Führungen und Veranstaltungen werden gerne in Kooperation vorbereitet (z. B. für Projekttage an Schulen oder für den Holocaust-Gedenktag).

Filderstadt

3. KZ-Gedenkstätte Echterdingen-Bernhausen

Zur Geschichte

Zwischen 22. 11. 1944 und 20. 1. 1945 befand sich in einem Hangar im Südwesten des Flughafens Stuttgart ein Konzentrationslager für 600 jüdische KZ-Häftlinge. Sie mussten im Auftrag der Organisation Todt Reparaturarbeiten an der stark beschädigten Start- und Landebahn ausführen. Die 2010 nach einem Entwurf von Dagmar Pachtner errichtete Gedenkstätte „Wege der Erinnerung" besteht aus zwei sich kreuzenden Wegen und Mauern. Sie verweisen auf zwei authentische Orte: auf den Hangar, einst Häftlingsunterkunft, und auf das 2007 gestaltete Gräberfeld der 34 Häftlinge. Eine Toninstallation nennt die Namen der 600 Häftlinge, gesprochen von Bürgerinnen und Bürgern beider Städte.

Träger der Einrichtung:
Städte Filderstadt und Leinfelden-Echterdingen

Kontakt:
Stadtarchiv Filderstadt Dr. Nikolaus Back, Lange Str. 83, 70794 Filderstadt; Telefon: 07158 8219; nback@filderstadt.de
Stadtarchiv Leinfelden-Echterdingen, Dr. Bernd Klagholz, Schönaicher Sträßle 4, 70771 Leinfelden-Echterdingen; Telefon: 0711 9975409; b.klagholz@le-mail.de

Öffnungszeiten: Die Gedenkstätte ist frei zugänglich

Besondere Angebote für Lehrer und Schüler:
Führungen für Gruppen und Schulklassen nach Vereinbarung mit Stadtarchiv Filderstadt bzw. Stadtarchiv Leinfelden-Echterdingen. Anmeldung per E-Mail: nback@filderstadt.de oder b.klagholz@le-mail.de

4. Mahnmal und KZ-Gedenkstätte Hailfingen-Tailfingen

Zur Geschichte

Das KZ-Außenlager von Natzweiler auf dem Flugplatz Hailfingen/Tailfingen (heute in den Landkreisen Tübingen und Böblingen) bestand seit der Ankunft von 600 Juden aus dem KZ Stutthof am 18./19. 11. 1944 bis zum Weitertransport der überlebenden Häftlinge am 13. und 14. 2. 1945. 99 Häftlinge wurden im Reutlinger Krematorium eingeäschert, ca. 75 in einem Massengrab verscharrt. Nur noch 211 Häftlinge wurden anschließend im Konzentrationslager Dautmergen (Gruppe „Wüste") oder im Sterbelager Vaihingen/Enz registriert. Nachweislich überlebten nur 64 Häftlinge den Holocaust.
Die Häftlinge wurden bei Bauarbeiten auf dem Nachtjägerflugplatz (Einsatzhafen I.) Hailfingen eingesetzt.

Träger des Projektes:
KZ-Gedenkstätte Hailfingen-Tailfingen e. V.

Kontakt:
Volker Mall, Hohe-Wacht-Straße 7, 71083 Herrenberg;
Telefon: 07032 26455;
volker.mall@kz-gedenkstaette-hailfingen-tailfingen.de

Öffnungszeiten:
Sonntag 15.00–17.00 Uhr und nach Vereinbarung

Besondere Angebote für Lehrer und Schüler:
Führungen nach Vereinbarung. Kosten pro Gruppe: € 30,–
Projektarbeit für Jugendgruppen und Schulklassen

Haslach

5. Gedenkstätte Vulkan

Zur Geschichte

Von September 1944 bis April 1945 befanden sich in Haslach drei nationalsozialistische Lager. 1700 Männer aus 21 Ländern waren unter unmenschlichen Bedingungen teilweise untertage zusammengepfercht und zur Zwangsarbeit genötigt. Schwerstarbeit, Krankheiten, Misshandlungen und Erschießungen führten zum Tod von Hunderten von Häftlingen. Die Gedenkstätte ist neben dem einzigen noch sichtbaren Stollenausgang eingerichtet worden. Sie umfasst die Überreste eines Steinbrechwerks und einer Seilbahnstation.

Kontakt:

Breitestraße 4, 77716 Haslach; Telefon: 0783 22105,
E-Mail: info@gedenkstaette-vulkan.de; www.gedenkstaette-vulkan.de und www.erinnerungsweg-haslach.de

Öffnungszeiten/Lage:

Über die B 294 in Richtung Freiburg. Etwa 600 m außerhalb des Ortes ist der Abzweig zur Gedenkstätte Vulkan ausgeschildert. Dort befindet sich eine Schranke. Geöffnet: Mai bis September von 9.00–19.00 Uhr, Oktober bis April von 10.00–17.00 Uhr. Für Fußgänger ist die Gedenkstätte auch außerhalb dieser Zeiten erreichbar. Der Fußweg von der B 294 bis zur Gedenkstätte beträgt 1,5 km.

Besondere Angebote für Lehrer und Schüler:

Schulklassen und anderen interessierten Gruppen werden Führungen an der Gedenkstätte angeboten.

6. KZ-Gedenkstätte Leonberg

Zur Geschichte

Sechs Schautafeln in drei Sprachen entlang eines „Wegs der Erinnerung“ informieren über die vom Frühjahr 1944 bis April 1945 im Bereich der oberen Seestraße errichteten zwei KZ-Lager. Die mehr als 3000 Häftlinge hatten im inzwischen aufgelassenen und zugänglichen alten Engelbergautobahntunnel Flugzeugteile für die Rüstungsfirma Messerschmitt herzustellen. Hunderte von ihnen starben. Der Weg beginnt am Friedhof Seestraße, der späteren Begräbnisstätte, und endet am ehemaligen Massengrab auf dem Blosenberg. Vor dem Tunnel wurde am 8. 5. 2005 eine Gedenkstätte als Namenswand mit 3000 Namen von KZ-Häftlingen eingeweiht. Im Stadtmuseum befindet sich ein Gedenk- und Informationsraum zum KZ mit Hörstationen.

Träger der Einrichtung: KZ-Gedenkstätteninitiative Leonberg e. V.

Kontakt:
Marei Drassdo, Untere Burghalde 49, 71229 Leonberg;
Telefon: 07152 41975; E-Mail info@kz-gedenkstaette-leonberg.de;
www.kz-gedenkstaette-leonberg.de

Öffnungszeiten:
„Weg der Erinnerung“ frei zugänglich. Das Dokumentationszentrum im alten Engelbergtunnel ist von März bis Oktober immer am ersten Sonntag im Monat von 14.00–16.00 Uhr geöffnet.

Führungen:
Führung „Weg der Erinnerung“ und Dokumentationszentrum:
Marei Drassdo (w. o.), Renate Stäbler, Telefon: 07152 4158;
Dr. h.c. Eberhard Röhm, Telefon: 07152 4158;
E-Mail: eberhard.roehm@t-online.de

Besondere Angebote für Lehrer und Schüler:
Führungen von Schulklassen auf dem „Weg der Erinnerung“ und in der Dokumentationsstätte. Einzelberatung von Schülerinnen und Schülern bei der Vorbereitung von Referaten und auf Prüfungen.

Mannheim-Sandhofen

7. KZ-Gedenkstätte Sandhofen

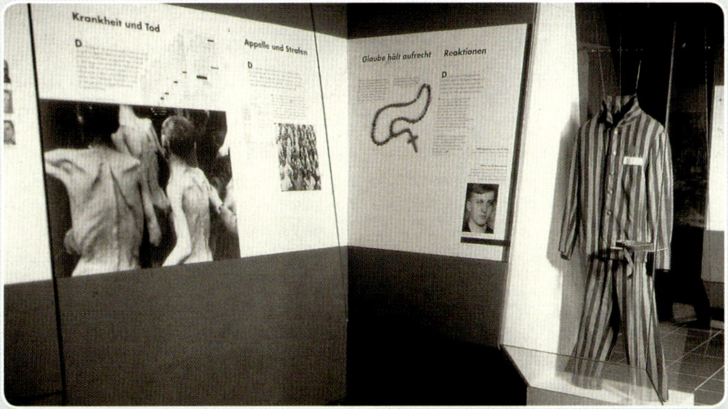

Zur Geschichte

Die Ausstellung der KZ-Gedenkstätte Sandhofen erinnert an das Außenkommando des KZ Natzweiler, das ab dem 27. September 1944 in einer Schule mitten im Wohngebiet eingerichtet wurde. 1.060 junge polnische Männer, die während des Warschauer Aufstands verhaftet worden waren, wurden auf dem Weg über das KZ Dachau nach Mannheim-Sandhofen deportiert. Zweck der Deportation war die Zwangsarbeit im nicht weit entfernt liegenden Werk von Daimler-Benz. Aufgrund der Versorgungs- und Organisationsprobleme gegen Kriegsende war das KZ Sandhofen ein Hungerlager. Der „Raum der Biografien“ bietet Hörstationen, Materialien und Filme.

Träger der Einrichtung:

Verein KZ–Gedenkstätte Mannheim-Sandhofen e. V.

Kontakt:

Hans-Joachim Hirsch, KZ-Gedenkstätte Sandhofen, c/o Stadtarchiv Mannheim – ISG, Collinistraße 1, 68161 Mannheim;
Telefon: 0621 293-7485; Mobil: 0162 2939197
E-Mail: hans-joachim.hirsch@mannheim.de

Öffnungszeiten und Führungen:

KZ-Gedenkstätte in der Gustav-Wiederkehr-Schule, Kriegerstraße 28, 68307 Mannheim-Sandhofen;
Eintritt und Gruppenführungen nach Voranmeldung.

Besondere Angebote für Lehrer und Schüler:

Projekttag in Kooperation mit dem Netzwerk für Demokratie und Courage

Mosbach-Neckarelz

8. KZ-Gedenkstätte Neckarelz

Zur Geschichte

Als wegen der der zunehmenden Bombardements von Industrieanlagen Rüstungsbetriebe unter die Erde verlegt wurden, sollte 1944 unter dem Tarnnamen „Goldfisch" auch das Flugzeugmotorenwerk Genshagen im Gipsstollen Obrigheim/Neckar untergebracht werden. Den Ausbau der feuchten und ungenügend belüfteten Stollen sowie die schweren Verladearbeiten besorgten KZ-Häftlinge und Zwangsarbeiter. Als Zentrale der sogenannten „Neckarlager" diente die Schule in Neckarelz (heute Clemens-Brentano-Grundschule). Die Gedenkstätte liegt ihr gegenüber.

Die ungewöhnlich gestaltete Gedenkstätte eröffnet in vier Themenräumen („KZ-Komplex Neckarlager – Wege aus dem Lager – „Goldfisch" – „Natzweiler am Neckar") verschiedene Zugänge zur Geschichte.

Besuchsmöglichkeiten in der Nähe:

Geschichtslehrpfad „Goldfisch" in Obrigheim (verbindet und erschließt oberirdische Reste der Untertage-Fabrik) / KZ-Friedhof Binau

Träger der Einrichtung:

Verein KZ-Gedenkstätte Neckarelz e. V.

Kontakt:

Verein „KZ-Gedenkstätte Neckarelz e. V.", Mosbacher Straße 39, 74821 Mosbach; Telefon: 06261 670653; E-Mail: vorstand@kz-denk-neckarelz.de; www.kz-denk-neckarelz.de

Führungen/Öffnungszeiten:

Sonntag 14.00–17.00 Uhr sowie jederzeit nach Vereinbarung. Erwachsene € 3,–; Schüler € 1,–; Führungen Schülergruppen € 10,– Erwachsenengruppen € 20,–

Besondere Angebote für Lehrer und Schüler:

In Absprache können Angebote von der einfachen Führung bis zu Projekttagen entwickelt werden.

Schömberg-Schörzingen

9. Gedenkstätte Eckerwald und Gedenkstätte beim KZ-Friedhof Schömberg

Zur Geschichte

Der Gedenkpfad Eckerwald führt durch ein Gelände, auf dem 1944/45 eine Schieferölfabrik mit der Bezeichnung „Wüste 10" errichtet werden sollte. Hier wollten die Nationalsozialisten aus Schiefer Öl gewinnen. Für den Aufbau des Werkes wurden täglich etwa 500 Häftlinge aus dem KZ Schörzingen abkommandiert. Die anderen 500 Häftlinge waren im Bergwerk in Schörzingen zur Schieferverschwelung eingesetzt. Schautafeln vermitteln Informationen, Kunstwerke regen zum Nachdenken an. Eine weitere Gedenkstätte/Lernort beim KZ-Friedhof Schömberg informiert über die Zustände im Konzentrationslager Dautmergen und im Bahnhofs KZ Schömberg. Im Zentrum steht hier ein Beton-Kubus mit den Namen von 1774 Todesopfern.

Träger der Einrichtung:

Initiative Gedenkstätte, Eckerwald e.V.

Kontakt:

Gertrud Graf, Fabrikstraße 35-2, 88284 Wopertswende;
Telefon: 07502 940805; E-Mail: gertrudGraf@gmx.de.
Brigitta Marquart-Schad, Bergstraße 18, 78586 Deilingen;
Telefon: 07425 8887; E-Mail: ms.brigitta@web.de;
www.eckerwald.de

Öffnungszeiten:

Der Gedenkpfad ist stets zugänglich. Er befindet sich zwischen Wellendingen und Schömberg, 200 Meter nach der Einmündung Richtung Feckenhausen-Zepfenhan, an der K 5542, östlich von Rottweil Der Lernort grenzt an den KZ-Friedhof Schömberg.
Die KZ-Friedhöfe stehen für Besucher jederzeit offen.
Der eine liegt außerhalb von Schörzingen an der Straße Richtung Wilflingen, der andere bei Schömberg an der Straße nach Dautmergen.

Besondere Angebote für Lehrer und Schüler:

Führungen sind auf Wunsch möglich. Anmeldung über „Kontakte".
Gebühr: € 3,- ; Schüler: € 1,50

Schwäbisch Hall-Hessental

10. KZ-Gedenkstätte Hessental

Zur Geschichte

Seit April 2001 erinnert eine Gedenkstätte an die Geschichte des KZ-Außenlagers Hessental. Von Oktober 1944 bis Anfang April 1945 waren an diesem Ort 800–900 Häftlinge, fast ausnahmslos polnische Juden, zusammengepfercht. Ihre Hauptaufgabe lag in der Instandhaltung des Hessentaler Fliegerhorstes, aber auch bei gewerblichen und landwirtschaftlichen Betrieben der Umgebung sowie bei der Stadt Schwäbisch Hall waren sie im Einsatz. Mehr als dreihundert Menschen fielen Hunger, Krankheiten und Ermordungen durch die Wachmannschaften im Lager und auf dem „Hessentaler Todesmarsch“ zum Opfer.

Träger der Einrichtung:
Initiative KZ-GedenkstätteHessental e. V.

Kontakt:
Folker Förtsch, Berlerweg 11, 74523 Schwäbisch Hall;
Telefon: 0791 857562; E-Mail: folker.foertsch@t-online.de;
www.kz-hessental.de

Öffnungszeiten:
Gelände der Gedenkstätte frei zugänglich; Waggon mit Informationsschau an Wochenenden und Feiertagen sowie nach vorheriger Vereinbarung geöffnet.

Führungen:
Monatliche öffentliche Führungen sowie Führungen nach telefonischer Vereinbarung.

Besondere Angebote für Lehrer und Schüler:
Projektarbeit für Jugendgruppen und Schulklassen.

Überlingen

11. Dokumentationsstätte Goldbacher Stollen und KZ Aufkirch

Zur Geschichte

Nach der Bombardierung der Friedrichshafener Industrieunternehmen, die im Zweiten Weltkrieg Rüstungsgüter herstellten (Luftschiffbau Zeppelin, Maybach, Dornier und Zahnradfabrik), sollten diese unterirdisch bombensicher verlagert werden.
Für diese Zweck kamen rund 800 Häftlinge aus dem KZ Dachau. Sie schufen von Oktober 1944 bis April 1945 im Westen von Überlingen ein rund 4 Kilometer langes Stollensystem, das nicht vollendet und nicht mehr bezogen wurde. Der 1996 gegründete Trägerverein führt regelmäßige und vereinbarte Führungen durch den Goldbacher Stollen und Rundgänge auf den Wegen durch, die die KZ-Häftlinge gehen mussten, kümmert sich aber auch um die Geschichte Überlingens in der Zeit des Nationalsozialismus und um die jüdische Geschichte Überlingens vom Mittelalter bis heute.

Träger der Einrichtung:
Dokumentationsstätte Goldbacher Stollen und KZ Aufkirch e. V.

Kontakt:
Postfach 10 12 14, 88642 Überlingen; E-Mail: info@stollen-ueberlingen.de; www.stollen.ueberlingen.de

Öffnungszeiten/Führungen:
Öffentliche Führungen jeden ersten Freitag eines Monats um 17.00 Uhr; Informationen über sonstige Führungen über die Kur- und Touristik Überlingen GmbH, Telefon: 07551 991122, Eintritt frei.

Besuchsmöglichkeiten in der Nähe:
Gedenkstätte beim ehemaligen KZ Überlingen/Aufkirch Kurt-Hahn-Straße/KZ-Friedhof an der B 31 zwischen Überlingen und Uhldingen (Birnau)

12. KZ-Gedenkstätte Vaihingen/Enz

Zur Geschichte

Die Gedenkstätte erinnert an eines der vielen Außenkommandos des KZ Natzweiler. Es nahm 2187 KZ-Häftlinge auf, die beim Bau an einem unterirdischen Bunkerwerk eingesetzt waren. Überregionale Bedeutung erhielt das Lager, als es nach Einstellung der Bauarbeiten als „Kranken- und Erholungslager" weitergeführt wurde, um kranke Häftlinge aus 17 in Südwestdeutschland gelegenen Außenkommandos aufzunehmen. Von den rd. 2500 der zwischen November 1944 und März 1945 nach Vaihingen verbrachten Männer starben rund 1600, da so gut wie keine medizinische Hilfe geleistet wurde. Über den Fundamenten der einstigen Bade- und Entlausungsbaracke wurde eine Halle errichtet, in der die Geschichte des Lagers vermittelt wird. Eine audiovisuelle Präsentation liefert Zeugnis vom Schicksal der Häftlinge. Der KZ-Friedhof liegt ca. 200 Meter entfernt.

Träger der Einrichtung:
KZ-Gedenkstätte Vaihingen/Enz e. V.

Kontakt:
KZ-Gedenkstätte Vaihingen/Enz, Postfach 1180, 71654 Vaihingen an der Enz; Telefon: 07042 817751; E-Mail: Gedenkstaette-Vaihingen@web.de; www.Gedenkstaette-Vaihingen.de

Öffnungszeiten:
Sonntag von 14.00–17.00 Uhr

Führungen:
Gruppenführungen nach Voranmeldung per E-Mail. Die Gedenkstätte liegt beim Bahnhof Vaihingen/Enz (der Fußweg ist ausgeschildert), Fuchsloch 2, 71665 Vaihingen/Enz

Besondere Angebote für Lehrer und Schüler:
Medienkoffer, zur Vor- und Nachbereitung, Vaihingen 2003; Schüler führen Schüler; Lehrerführungen an zwei Sonntagen

13. Die Todesmärsche im Ostalbkreis: Erinnerungszeichen an den Kochendorfer und Hessentaler Todesmarsch

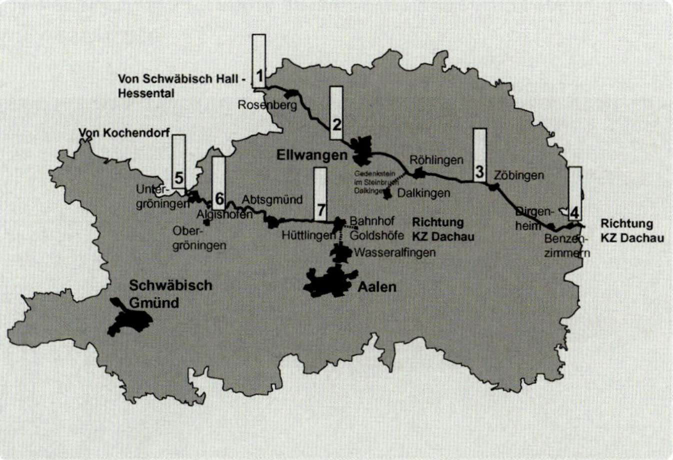

Zur Geschichte

Bei der Annäherung der alliierten Truppen im Frühjahr 1945 wurden die Lager am unteren Neckar „evakuiert“. D. h., die bereits ausgemergelten Gefangenen wurden zu Fuß, nur unzureichend bekleidet und verpflegt, unter menschenunwürdigen Bedingungen nach Südosten in Richtung des KZ Dachau getrieben. Diese Märsche forderten nochmals zahlreiche Todesopfer durch Auszehrung, Erschöpfung, Kälte und vorsätzliche Tötung. Nur ganz wenigen gelang die Flucht oder wurde geholfen. Stelen entlang der Route der Märsche erinnern an das Schicksal der Gefangenen:

Kochendorfer Todesmarsch

SHA-Wielandsweiler — Oberrot (Ortsmitte) — Fichtenberg (Bahnhof) — Gaildorf-Unterrot — Sulzbach-Laufen (an der B 19) — Mainhardt-Hütten (Friedhof)

Landkreis Ostalb

Zwischen Willa und Rosenberg an der L 1060 — bei Adelmannsfelden an der Abzweigung L 1060/L 1073 — Gedenkstein im Steinbruch Dalkingen — zwischen Röhlingen und Zöbingen an der Abzweigung L 1060/K 3203 — bei Benzenzimmern Richtung bayerische Grenze an der L 1060 — westlich Untergröningen an der B 19 — Abzweigung nach Algishofen von der B 10 — Ortseingang von Hüttlingen-Niederalfingen (B 19)

Landkreis Schwäbisch Hall: Hessentaler Todesmarsch
Bahnhof SHA-Hessental und in SHA-Dörrenzimmern — Obersontheim (Markung Hausen) — in Bühlertann und im Ortsteil Fronrot

Didaktische und praktische Hinweise für Lehrerinnen und Lehrer zur Vorbereitung von Gedenkstättenbesuchen und Unterricht

1

1003

9391

Indiv

STRUTHOF

Centre européen du résistant déporté

le Musée

dimanche 1 juin 2008

14:54

Site de l'ancien camp de Natzweiler DIACVG Alsace 67130 Natzwiller

1 XIndividuel

5,00 Euro(s)

Valable ce jour Reproduction interdite Conservez votre billet, il vous sera demandé par le personnel du site

Didaktische Vorbemerkung zum Besuch der Gedenkstätten des KZ-Stammlagers Natzweiler-Struthof in Verbindung mit einem Besuch einer Gedenkstätte eines Natzweiler Außenlagers

(Zur näheren Begründung vgl. den ausführlichen Beitrag „D 1. Maria Würfel: Zur Didaktik des Gedenkstättenbesuchs“ auf CD-ROM)

Gedenkstätten sind historische Lernorte besonderer Art.
An einem singulären authentischen Ort werden bestimmte Ereignisse und menschliche Schicksale zugleich auf kognitive und affektive Weise erinnert. Auch wenn die Bildungspläne für allgemein bildende Schulen in Baden-Württemberg nicht mehr die Bearbeitung von Themen an bestimmten Lernorten und Gedenkstätten festschreiben – sie sind ja keine Stoffpläne mehr –, so heben sie doch grundsätzlich in den „Leitgedanken“ den hohen Wert der Landes-, Regional- und Lokalgeschichte im Unterricht hervor, wodurch der Besuch von Gedenkstätten als Lernorten legitimiert ist, ja als erwünscht bezeichnet werden kann.

Es liegt nahe – wie es in der vorliegenden Handreichung geschieht –, die Schülerinnen und Schüler mit den Mitteln arbeitsunterrichtlichen Vorgehens das Angebot einer Gedenkstätte erschließen zu lassen.

Dies kann geschehen einmal als Kleinprojekt, wenn die Schülergruppe im Verlauf einer Tagesexkursion zur Gedenkstätte Natzweiler vor Ort ihre Ergebnisse erarbeitet und präsentiert, und zum anderen – im Vor- oder Nachgang –, wenn die Schülerinnen und Schüler in einem über einen längeren Zeitraum sich erstreckenden Projekt unterrichtsbegleitend die Geschichte eines in der Nähe befindlichen KZ-Außenlagers zu erschließen suchen. Ausmaß und inhaltlicher Tiefgang variieren sicher je nach Schulart. Wie die Erfahrungen der Autorinnen und Autoren, die in allen drei allgemein bildenden Schularten unterrichten, bisher schon gezeigt haben, ist das Gesamtprojekt in allen drei Schularten jeweils spezifisch umsetzbar.

Praktische Hinweise zur Vorbereitung eines (Gruppen-)Besuchs in Natzweiler-Struthof

1. Anmeldung (bei Gruppen obligatorisch)

Die Gedenkstätte wird von zahlreichen Gruppen besucht. Ihr Gruppenbesuch auf dem Struthof (optimal 25 Personen) muss daher mindestens vier Monate vorher angemeldet werden. Lehrern wird empfohlen, ihre Gruppen entweder direkt zu Beginn des Schuljahres oder sogar noch vor den Sommerferien anzumelden.

Reservierungen
Telefon: 0033 3 88 47 44 57
resa.groupes@struthof.fr

Leitung
Madame Dr. Frédérique Neau-Dufour, Directrice
Telefon: 0033 3 88 47 44 51; Fax: 0033 3 88 97 16 83
Internet: www.struthof.fr

Postanschrift
Centre européen du résistant déporté
Route départementale 130
67130 Natzwiller/FRANKREICH

3. Mehrtägiger Aufenthalt

Bei mehrtägiger Studienfahrt empfiehlt sich das

Centre international de séjour de la vallée de la Bruck (CISVB)
36, rue du général Leclerc,
67570 La Claquette/FRANKREICH
Telefon: 0033 3 88 97 06 08
Fax: 0033 3 88 97 12 61
E-Mail: cisvbruche@orange.fr
Internet: http://cisvb.bruche.free.fr

Dieses Centre ist in einer der ehemaligen Villen der KZ-Struthof-Kommandanten untergebracht und fasst etwa 80 Personen.

4. Kleider, Ausstattung und Verpflegung

Die Schüler/innen sollten bequeme Kleidung, Foto(-Handy), Schreibzeug, Getränke und Vesper für den ganzen Tag mitnehmen. In der Cafeteria des CERD stehen lediglich Automatenverpflegung und Getränke zur Verfügung. Regenschutz ist zu empfehlen. Das Gelände liegt 760 m hoch. Es ist immer mit kühlen Temperaturen und Wetterumschwüngen zu rechnen.

Öffnungszeiten

1. März bis 15. April: täglich von 9.00–17.00 Uhr
16. April bis 15. Oktober: täglich von 9.00–18.30 Uhr
16. Oktober bis 24. Dezember: täglich von 9.00–17.00 Uhr
Die Kasse schließt jeweils 1 Stunde vorher.
Jährliche Schließung: von Weihnachten bis Ende Februar

Preise (Stand Januar 2014)

Schulgruppen € 1,– pro Schüler, Begleitperson frei
Jugendliche bis 18 Jahre, Studenten: € 3,–
Gruppen ab 10 Personen: € 3,– pro Person
Einzelpersonen über 18 Jahre: € 6,–
Leitfaden für Besucher: € 2,–

2. Bezuschussung

Studienfahrten zu NS-Gedenkstätten werden vom Land Baden-Württemberg nach dem Landesjugendplan gefördert.
Antragsbedingungen siehe:
www.jugendarbeitsnetz.de/geld/ljp/ri/ri.18php

Die notwendigen Antragsformulare (V.9.2/I.2/A.9.2) können herunter geladen werden unter:
www.jugendarbeitsnetz.de/downloads/geld/ljp-formulare/übersicht/php
Anträge müssen spätestens am 15. Januar beim zuständigen Oberschulamt gestellt werden.

5. Zeitplanung

Der dem Logbuch zugrunde gelegte Ablaufplan von etwa 4 1/2 Stunden beinhaltet zwei große Pausen (je 20 Minuten) und berücksichtigt die Öffnungszeiten.
Ideal ist die Ankunft am Startort Bahnhof Rothau gegen 11.00 Uhr.

Die 20 „Halte" stellen ein Maximalprogramm dar, aus dem in jedem Fall ausgewählt werden muss. Erfahrungsgemäß wird eine Gruppe nur die Hälfte der Stationen sich gründlich erarbeiten können. Auch die Abfolge ist nicht zwingend.

Die genannten Erläuterungen entsprechen dem Stand 2014. Besonders für Gruppenbesuche wird geraten, sich über die deutschsprachige Webseite
www.struthof.fr/de/praktische-hinweise/
zu Öffnungszeiten, Preisen, Regelungen für Schulklassen auf den neuesten Stand zu bringen.

Das Formular und das Verfügbarkeitsverzeichnis dazu findet man unter
www.struthof.fr/de/paedagogische-tools/formulaire-reservation-groupes/

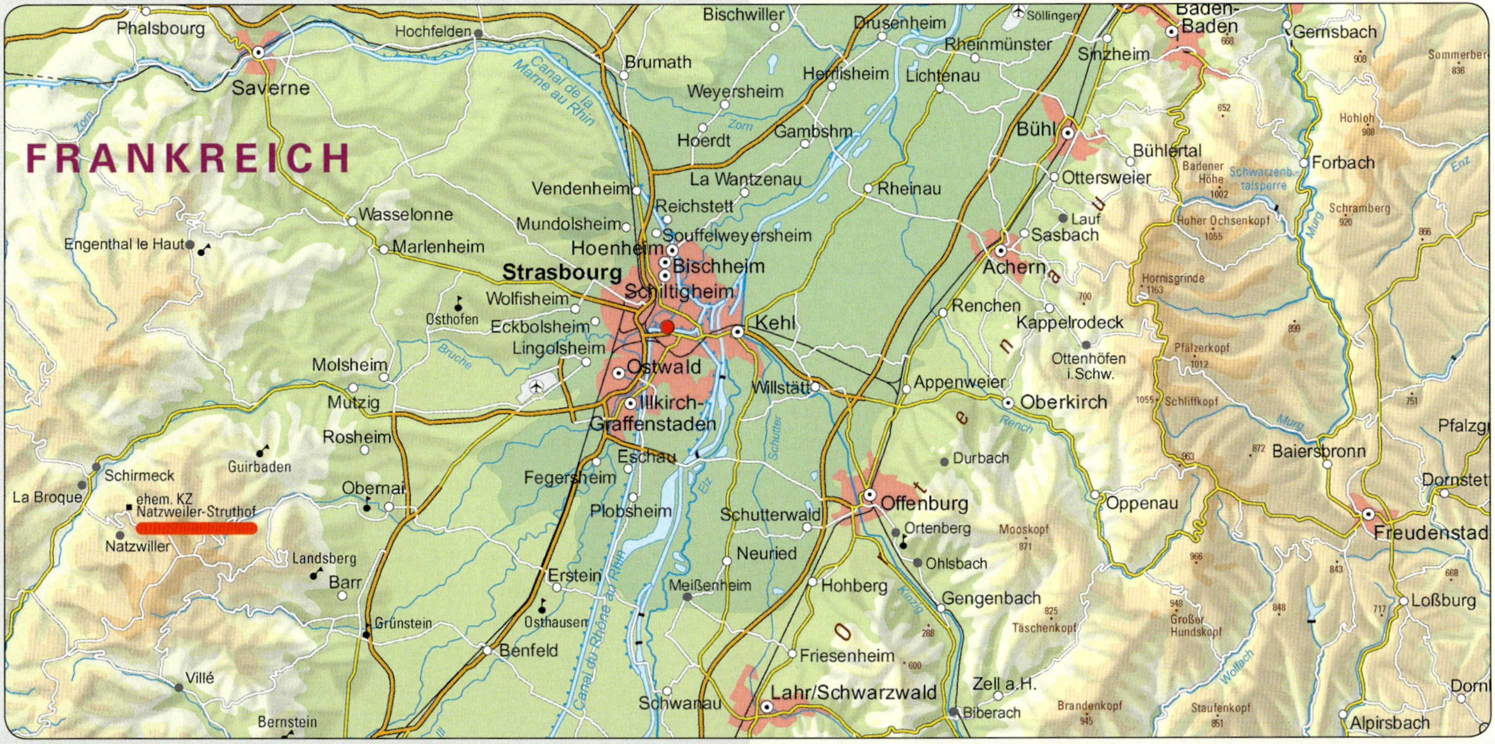
FRANKREICH
Strasbourg
Kehl
Offenburg
Lahr/Schwarzwald
Baden-Baden
Bühl
Achern
Oberkirch
Freudenstadt
Saverne
Phalsbourg
Hochfelden
Brumath
Bischwiller
Wasselonne
Marlenheim
Molsheim
Mutzig
Rosheim
Obernai
Schirmeck
La Broque
ehem. KZ Natzweiler-Struthof
Natzwiller
Barr
Erstein
Benfeld
Gengenbach
Baiersbronn
Forbach
Gernsbach
Loßburg
Alpirsbach

Beschreibung

Von **Nord-Baden-Württemberg**
über die AB A 5 Richtung Süden:
Abfahrt Achern (53) über A 35 (F) Richtung Strasbourg
Abfahrt 4, weiter A 352 in Richtung Mutzig, Schirmeck.

Von **Süd-Baden-Württemberg**
über die A 5 Richtung Norden:
Abfahrt Schutterwald (55) über N 83 (F) Richtung Strasbourg: Abfahrt 7, weiter A 352, anschließend N 420 Richtung Mutzig, Schirmeck.
Von Schirmeck bis Rothau Bahnhof (Halt 1)

Noch auf der Anfahrt erhalten die Kleingruppen beim Überqueren des Rheins ihre Black-Box für den selbst organisierten Rundgang im Lagerkomplex (vgl. B3).

Orientierungsplan für Rothau

Centre international de séjour

Straße von Schirmeck

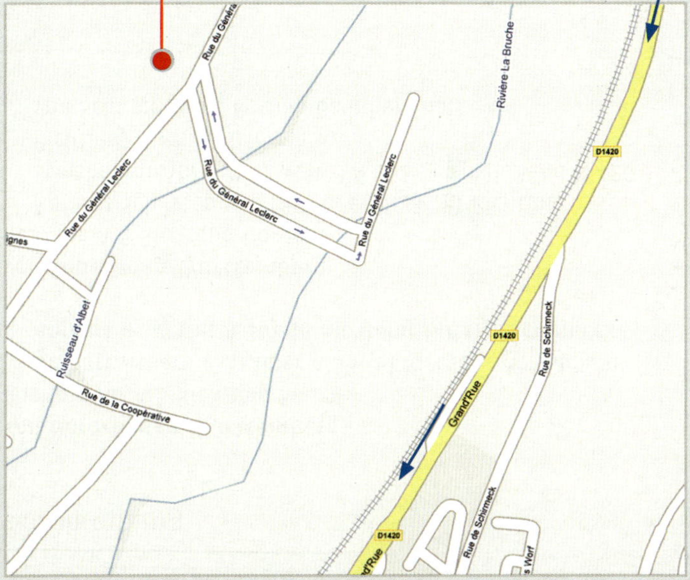

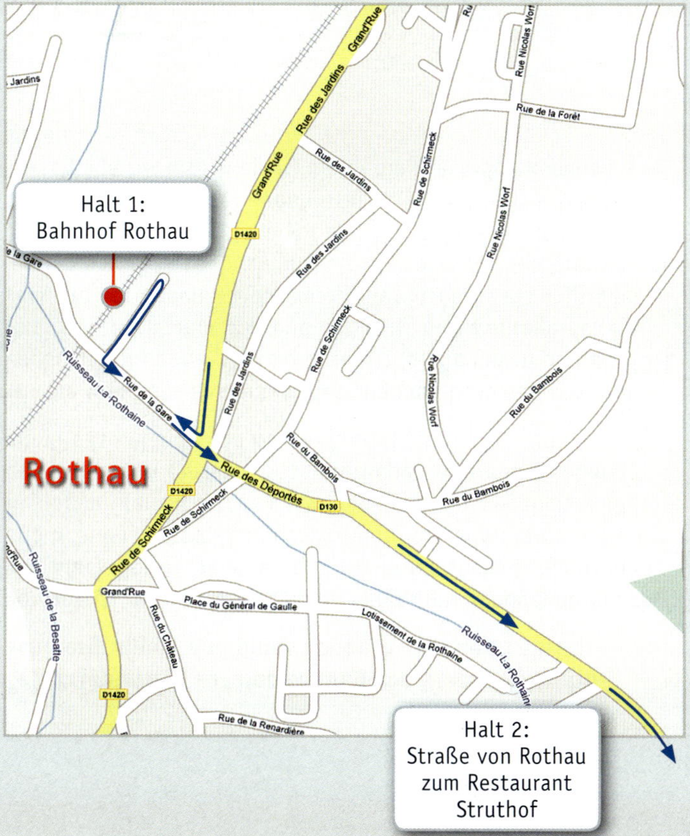
Halt 1:
Bahnhof Rothau
Rothau
Halt 2:
Straße von Rothau zum Restaurant Struthof
Grand'Rue
Rue des Jardins
Rue de Schirmeck
Rue Nicolas Worf
Rue de la Forêt
Rue du Bambois
Rue de la Gare
Rue des Déportés
Ruisseau La Rothaine
Ruisseau de la Besatte
Place du Général de Gaulle
Lotissement de la Rothaine
Rue du Château
Rue de la Renardière
D1420
D130

Erläuterung zur Herstellung von Black-Boxen für Schülergruppen und eines Logbuchs für den Lehrer

Vor Antritt der Fahrt sollte der Lehrer eine genügende Anzahl von Black-Boxen (je eine Box für vier bis sechs Schülerinnen und Schüler) herstellen oder Schüler herstellen lassen, die im Bus beim Grenzübertritt nach Frankreich ausgegeben werden und mit denen einzelne Schülergruppen während des Gangs durch das Gelände von Natzweiler-Struthof arbeiten.

Für die Hand des Lehrers ist das Logbuch bzw. das erweiterte Logbuch auf der CD-ROM vorgesehen (siehe unten und CD-ROM, Kapitel C.), das ihm während der Fahrt und während des Besuchs in der Gedenkstätte Natzweiler-Struthof als „Spickzettel" dienen soll. Das Logbuch enthält Hinweise zur Vorbereitung der Reise, Orientierungspläne vor Ort, Vorschläge für den Gang durch das Gelände der Gedenkstätte (20 Halte) wie fakultative Vorschläge für Info-Blätter, die in die Black-Box kommen sollen.

Anleitung zur Herstellung einer Black-Box

- Rechtzeitig die erforderliche Zahl an Folienkarton im Format DIN A4 aus dem Schulabfall besorgen.
- Die Kartons mit schwarzem Bastelspray besprühen.
- Mit edding weiß 751/780 beschriften (Gruppe 1, 2, usw. / „BLACK BOX KONZENTRATIONS-LAGER NATZWEILER STRUTHOF")
- Die im Folgenden aufgelisteten Arbeitsblätter / Fotos entsprechend der Zahl der Gruppen kopieren bzw. von der CD-ROM ausdrucken, möglichst folieren und in die Black-Box einsortieren.

Beachte: Diese Liste ist ein Standardvorschlag und kann vom Lehrer entsprechend dem umfangreichen Bild- und Textangebot verändert werden!

Das folgende, eventuell abgeänderte Inhaltsverzeichnis als Blatt 1 in die Black-Box legen (Vgl. Vorlage auf CD-ROM).

Die Kopiervorlage für das Logbuch ist so angelegt, dass der Lehrer über die Standardvorgabe hinaus individuell ergänzen und gestalten kann.

Dem Aufbau des Logbuchs (Gang durch das Gelände des ehemaligen Konzentrationslagers) entspricht der Aufbau der CD-ROM in den Kapiteln „C Texte und beispielhafte Methodische Hinweise“, „D Unterrichtsbausteine“, „E Exemplarische Arbeitsblätter“ wie der Reihenfolge der Bilder.

Zum Inhalt Black Box auf den Seiten 51 und 52

Das Folgende ist ein Standard-Vorschlag, der jedoch individuell abgeändert werden kann. Die „Halte“ stellen ein Maximalprogramm dar. Je nach zur Verfügung stehender Zeit und Arbeitsmethode (arbeitsteilig oder nicht) ist eine Auswahl zu treffen. Die Vorschläge beziehen sich auf den Rundgang auf dem Gelände der Gedenkstätte Natzweiler-Struthof.

Die Ziffern beziehen sich auf Nummern der Bilder und Texte auf der CD-ROM, die nach der Abfolge der Halte geordnet sind.

D4 Inhalt der Black-Box / Standard – 1

HALT	BILDER Standardvorschlag	TEXTE Standardvorschlag	BILDER Individuelle Auswahl	TEXTE Individuelle Auswahl
Halt 1 Bahnhof Rothau	**B 01.01** Bahnhof Rothau **B 01.02** Orientierungsplan Auffahrt	**T 1.3** Gerhard Adam: Ankunft auf dem Bahnhof Rothau		
Halt 2 Straße von Rothau zum Restaurant Le Struthof	**B 02.04** Häftlinge schlagen Schneise durch den Wald **Lied:** Die Moorsoldaten			
Halt 3 Restaurant Le Struthof	**B 03.01** Skigebiet Struthof **B 03.03** Gesamtanwesen Struthof mit Garagen, im Hintergrund das KZ-Lager			
Halt 4 Die „Villa Ehret“	**B 04.01** Kommandantenvilla **B 04.02** Kommandant Josef Kramer in Uniform	**T 4.1** Die „Villa Ehret“ (Kommandantenvilla) **T 4.2** Kommandant Josef Kramer **T 4.3** Aussage von Josef Kramer vor dem englischen Militärgericht in Lüneburg		
Halt 5 Kurzaufenthalt im CERD				

Halt 6 Das Lagertor/Zaun	**B 06.15** Plan Lagergelände **B 06.01** Gayot: Strafstehen hinter dem Lagertor **B 06.03** Naess: Karte des Lagers Natzweiler **B 06.04** Naess: Deutscher Wachposten (Josef Kramer) am Eingangstor **B 06.11** Plakat: Achtung Lagerbereich!	**T 6.1** Eugèn Marlot: Ankunft im Lager **T 6.3** Ein gelungener Fluchtversuch		
Halt 7 Der Alltag hinter Stacheldraht (Appell, Lagerordnung, Unterdrückung)	**B 07.01** Gayot: Nacht- und Nebelhäftlinge beim Appell **B 07.04** Gayot: Essensausgabe **B 07.07** Naess: Wir dachten ans Essen	**T 7.1** Lageralltag **T 7.2** Belehrung für Neuzugänge **T 7.4** Wecken **T 7.5** Appell **T 7.6** Essen **T 7.10** Der Tagesablauf eines Häftlings		
Halt 8 Arbeitskommandos innerhalb und außerhalb des Lagers	**B 08.01** Gayot: „Transport". Häftlinge schleppen Barackenwände zum Lager **B 08.03** Gayot: Fronarbeit **B 08.06** Naess: In der Webereibaracke	**T 8.1** Arbeitskommandos **T 8.2** Erny Gillen: Einsatz im Straßenbaukommando		
Halt 9 Die „Krankenstation"	**B 09.01** Gayot: Gefahr! Typhus	**T 9.1** Krankenstation **T 9.2** Erinnerung an die Krankenstation		

D4 Inhalt der Black-Box / Standard – 2

HALT	BILDER Standardvorschlag	TEXTE Standardvorschlag	BILDER Individuelle Auswahl	TEXTE Individuelle Auswahl
Halt 10 Der Arrestbunker (Strafen, Brutalität)	**B 10.01** Gayot: Leibesübung“ (Prügelorgie) **B 10.03** Naess: „Kapo“. Misshandlung eines am Boden Liegenden **B 10.04** Katalog von Straftaten mit Anzahl von Prügelstrafen	**T 10.01** Der Arrestbunker **T 10.02** Boris Pahor: Prügelstrafe		
Halt 11 Block 13, Medizinische Experimente	**B 11.01** Prof. August Hirt bei mikroskopischen Untersuchungen	**T 11.1** Block 13 **T 11.2** Medizinische Experimente der „Reichsuniversität Straßburg“		
Halt 12 Das Krematorium	**B 12.01** Gayot: Das Krematorium **B 12.02** Naess: Krematorium	**T 12.1** Das Krematorium **T 12.2** Floris B. Bakels: Der rote Schornstein		
Halt 13 Die Aschengrube	**B 13.01** US-Soldat vor Urnenregal	**T 13.1** Die Aschengrube **T 13.2** Erny Gillen: Die Toten sind nicht mehr wert als ein Tier		
Halt 14 Der Galgen	**B 14.01** Gayot: Erhängungen	**T 14.01** Der Galgen **T 14.03** Boris B. Bakels: Mord nach Sondererlass		

Halt 15 Besuch der Museumsbaracke	**B 15.03** Skizze der Räume in der Museumsbaracke	**T 15.01** Die Museumsbaracke		
Halt 16 Der Nationale Ehrenfriedhof und das Nationale Ehrenmal	**B 16.02** Nationales Ehrenmal und Nationaler Ehrenfriedhof **B 16.03** Nationales Ehrenmal	**T 16.1** Der Nationale Ehrenfriedhof und das Nationale Ehrenmal **T 16.2** Das Nationale Ehrenmal		
Halt 17 Die Sandgrube (SS-Hinrichtungsort)	**B 17.01** Die Sandgrube	**T 17.01** Die Sandgrube **T 17.02** Erny Gillen: Elf Luxemburger und Franzosen sterben für die Freiheit ihrer Mitmenschen		
Halt 18 Der große Steinbruch (Zwangsarbeit in Natzweiler-Struthof)	**B 18.10** Plan des Steinbruchgeländes **B 18.01** Gayot: Terrassenbau. NN-Häftlinge schleppen Steine **B 18.07** Motorenwerk im Steinbruch	**T 18.1** Der große Steinbruch **T 18.3** Roger Boulanger: Straßenbaukommando		
Halt 19 Das Europäische Zentrum der deportierten Widerstandskämpfer (Centre européen du résistant déporté CERD) / Gang durch den Kartoffelkeller	**B 19.01** Kartoffelkeller (historisches Foto) **B 19.02** Plan des CERD	**T 19.1** Das Europäische Zentrum der deportierten Widerstandskämpfer **T 8.8** Das Kartoffelkeller-Kommando		
Halt 20 Die Gaskammer	**B 20.01** Gaskammer			
RÜCKFAHRT	**Lied:** Die Moorsoldaten			

Literatur

Awosusi, Anita / Pflock, Andreas: Sinti und Roma im KZ Natzweiler-Struthof. Anregungen zu einem Gedenkstättenbesuch, Mannheim 2006

Bakels, Floris B.: Nacht und Nebel. Der Bericht eines holländischen Christen aus deutschen Gefängnissen und Konzentrationslagern, Frankfurt am Main 1979

Barbel, Metty: Student in Hinzert und Natzweiler, Luxemburg 1992

Benz, Wolfgang / Distel, Barbara (Hg.): Der Ort des Terrors: Geschichte der nationalsozialistischen Konzentrationslager, Band 1: Die Organisation des Terrors, München 2005

Benz, Wolfgang / Distel, Barbara (Hg.): Der Ort des Terrors: Geschichte der nationalsozialistischen Konzentrationslager, Band 6: Natzweiler, Groß-Rosen, Stutthof, München 2007

Benz, Wolfgang / Graml, Hermann / Weiß, Hermann (Hg.): Enzyklopädie des Nationalsozialismus, Stuttgart 1997

Broszat, Martin: Nationalsozialistische Konzentrationslager 1933–1945. In: Martin Broszat u. a.: Anatomie des SS-Staates, München 1967 (dtv-dokumente), Band 2, S. 11–133

Chicago, Judy, with photography by Donald Woodman: Holocaust Project. From Darkness into light, Viking Penguin and Penguin Groups, New York / London 1993

Glauning, Christine: Entgrenzung und KZ-System. Das Unternehmen „Wüste" und das Konzentrationslager in Bisingen 1944/45, Berlin 2006

Grund, Jürgen: Die KZ-Gedenkstätte Natzweiler-Struthof. Handreichung zur Führung durch die Gedenkstätte, Sonderheft „Stuttgart Regional", o. J., (Grauliteratur)

Kientzler, Arnold (Hg.): Le camp de concentration du Struthof. Konzentrationslager Natzweiler. Témoignages, Schirmeck 1998 (Collection Documents – Tome III)

Kirstein, Wolfgang: Das Konzentrationslager als Institution totalen Terrors. Das Beispiel des KL Natzweiler, Pfaffenweiler 1992. (= Freiburger Arbeiten zur Soziologie der Diktatur 2)

Kogon, Eugen; Langbein, Hermann; Rückerl, Adalbert gem. mit v. a.: Nationalsozialistische Massentötungen durch Giftgas. Eine Dokumentation, Frankfurt a. M. 1983; von den Autoren durchgesehene Ausgabe Februar 1986

Kolb, Eberhard: Bergen-Belsen. Geschichte des „Aufenthaltslagers" 1943–1945, Hannover 1962

Lang, Hans-Joachim: Die Namen der Nummern. Wie es gelang, die 86 Opfer eines NS-Verbrechens zu identifizieren, Hamburg 2004, Fischer-Taschenbuch, 2007

Comité national pour l'érection et la conservation d'un mémorial de la déportation au Struthof: K. Z. Lager Natzweiler-Struthof, Nancy, 1982

Dietmar, Udo: Häftling in der Hölle auf Erden, Weimar 1946

Enzyklopädie des Holocaust. Die Verfolgung und Ermordung der europäischen Juden, Hauptherausgeber: Israel Gutmann; Herausgeber der deutschen Ausgabe: Eberhard Jäckel, Peter Longerich, Julius H. Schoeps, München 1995

Enzyklopädie des Nationalsozialismus, hg. von Wolfgang Benz, Hermann Graml und Hermann Weiß, Stuttgart 1997

Faltin, Thomas und andere Autoren: Im Angesicht des Todes. Das KZ-Außenlager Echterdingen 1944/45 und der Leidensweg der 600 Häftlinge, Filderstadt/Leinfelden-Echterdingen 2008

Gedenkstätten. Lernorte zum nationalsozialistischen Terror. Zeitschrift „Politik und Unterricht", 3-2008. Hrsg. Von der Landeszentrale für politische Bildung Baden-Württemberg, Stuttgart 2008 (Download unter www.politikundunterricht.de/3_08/gedenkstaetten.htm)

Gillen, Erny: Sou wéi ech et erlieft hunn, 1942–1945. Gestohlene Jugendjahre in den Konzentrationslagern Natzweiler-Struthof und Dachau, Luxemburg 2005.

Glauning, Christine / Pflug, Konrad (Hrsg.): Arbeit und Vernichtung. Das Außenlagersystem des KZ Natzweiler-Struthof. Beiträge zur Jahrestagung 2002 der Landesarbeitsgemeinschaft der Gedenkstätten und Gedenkstätteninitiativen Baden-Württemberg, Stuttgart 2004

Langbein, Hermann: Menschen in Auschwitz. Neuausg., Wien und München 1995

Langhoff, Wolfgang: „Die Moorsoldaten", Zürich 1935

Laqueur, Renate: Schreiben im KZ. Tagebücher 1940–1945, Bremen 1992

Lévy-Haas, Hanna: Vielleicht war das alles erst der Anfang. Tagebuch aus dem KZ Bergen-Belsen 1944–1945. Berlin 1979

Mall, Volker: „Die Moorsoldaten – Ein Volkslied aus dem Konzentrationslager". In: GEW, „Die Unterrichtspraxis", 21. Jg. , Heft 2 vom 05. 03. 1988

Meier, Michael: Das Konzentrationslager Natzweiler-Struthof. Eine lokalgeschichtliche Untersuchung mit Überlegungen zur Einbeziehung außerschulischer Lernorte in den Geschichtsunterricht. Wiss. Hausarbeit. Freiburg 1998

Mitscherlich, Alexander / Mielke, Fred (Hg.): Medizin ohne Menschlichkeit. Dokumente des Nürnberger Ärzteprozesses, Frankfurt am Main 1978, Fischer Taschenbuch, 2003

Orth, Karin: Das System nationalsozialistischer Konzentrationslager. Eine politische Organisationsgeschichte, Hamburg 1999

Orth, Karin: Die Konzentrationslager-SS, dtv, München 2004

Ottosen, Kristian: Nuit et brouillard. Histoire des prisonniers du camp Natzweiler-Struthof, Bruxelles 1994. (Ursprünglich: Natt og toke, Oslo 1989)

Pflug, Konrad / Raab-Nicolai, Ulrike / Weber, Reinhold (Hrsg.): Orte des Gedenkens und Erinnerns in Baden-Württemberg, Stuttgart 2006

Pingel, Falk: Häftlingszwangsarbeit. Zum Verhältnis von Profit, Produktion und Rassenideologie in der nationalsozialistischen Wirtschaft. In: Hamburger Stiftung zur Förderung von Wissenschaft und Kultur (Hrsg): „Deutsche Wirtschaft". Zwangsarbeit von KZ-Häftlingen für Industrie und Behörden, Hamburg 1991, S. 141–152

Reitzenstein, Julien: Himmlers Forscher. Wehrwissenschaft und Medizinverbrechen im „Ahnenerbe" der SS, Paderborn 2014

Scheck, Manfred: Vaihingen an der Enz („Wiesengrund"). In: Benz, Wolfgang / Distel, Barbara: Der Ort des Terrors: Geschichte der nationalsozialistischen Konzentrationslager, Band 6: Natzweiler, Groß-Rosen, Stutthof, München 2007, S. 155–177

Sédillot, Stéphanie: Henri Gayot „afin que nul n'oubli". In: La plume, le crayon et le bronce, sources de mémoire. Henri Gayot un résistant rochelais déporté au Struthof. Conception rédaction Ettinette Gallon et Stéphanie Sédillot, ONAC – UDCVR, Charente-Maritime 2002 (ISBN 2-11-093637-1), S. 83–94

Segev, Tom: Die Soldaten des Bösen. Zur Geschichte der KZ-Kommandanten, Reinbek bei Hamburg 1992

Vorländer, Herwart (Hg.): Nationalsozialistische Konzentrationslager im Dienste der totalen Kriegsführung, Stuttgart 1978

Winau, Rolf: Medizinische Experimente in den Konzentrationslagern. In: Benz, Wolfgang / Diestel, Barbara (Hrsg): Der Ort des Terrors. Geschichte der nationalsozialistischen Konzentrationslager. Band I, Die Organisation des Terrors, München 2005, S. 165–178

Ziegler, Jürgen: Mitten unter uns. Natzweiler-Struthof: Spuren eines Konzentrationslagers, Hamburg 1986

Online

http://www.struthof.fr/de/mediathek/downloadbereich/

AV-Medien

Natzweiler-Struthof: Spuren eines Konzentrationslagers, 2003.

Der Tod in den Vogesen – Ein deutsches KZ auf französischem Boden, (Teil 1: Das Lager; Teil 2: Die Experimente; Teil 3: Die Zukunft), SWR, 2005.

Steegmann, Robert: Das KL Natzweiler-Struthof. Geschichte eines Konzentrationslagers im annektierten Elsass 1941–1945, Strasbourg 2005
Steegmann, Robert: Le camp de Natzweiler-Struthof, Collection „L'univers historique", Seuil, Paris 2009
Steegmann, Robert: Natzweiler – Stammlager. In: Benz, Wolfgang / Distel, Barbara (Hg.): Der Ort des Terrors: Geschichte der nationalsozialistischen Konzentrationslager, Band 6: Natzweiler, Groß-Rosen, Stutthof, München 2007, S. 23–47
Steegmann, Robert: Struthof. Le KL-Natzweiler et ses kommandos: une nébuleuse concentrationnaire des deux côtés du Rhin 1941–1945, Strasbourg 2005
Uhlmann, Angelika: Die medizinische Fakultät der Reichsuniversität Straßburg und die Menschenversuche im KZ Natzweiler-Struthof. In: Hahn, Judith / Kavcic, Silvija / Kopke, Christoph (Hrsg.): Medizin im Nationalsozialismus und das System der Konzentrationslager, Frankfurt am Main, 2005, S. 165–187

E 2 Anhang: Gesamt-Bildnachweis für Broschüre und CD-ROM

Halt 1 – Bahnhof Rothau
[B 01.01] Bahnhof Rothau (1942) B

Halt 1 – Bahnhof Rothau
[B 01.02] Orientierungsplan: Straße zum Bahnhof Rothau und aufwärts zum Restaurant Struthof M

Halt 2 – Straße von Rothau zum Restaurant Struthof
[B 02.01] Straßenbau oberhalb des Struthof (1941) B

Halt 2 – Straße von Rothau zum Restaurant Struthof
[B 02.02] Häftlinge mit Bewacher beim Straßenbau (1941) B

Halt 2 – Straße von Rothau zum Restaurant Struthof
[B 02.03] Häftlinge beladen Loren beim Straßenbau B

Halt 2 – Straße von Rothau zum Restaurant Struthof
[B 02.04] Häftlinge schlagen Schneise durch den Wald für den Straßenbau B

Halt 3 – Restaurant „Le Struthof"
[B 03.01] Skigebiet Struthof B

Halt 3 – Restaurant „Le Struthof"
[B 03.02] „Schirmeck - Le Struthof" – historisches Bild B

Halt 3 – Restaurant „Le Struthof"
[B 03.03] Gesamtanwesen Struthof mit Garagen. Im Hintergrund das KZ-Lager B

Halt 3 – Restaurant „Le Struthof"
[B 03.04] Judy Chicago: Die Banalität des Bösen D

Halt 6 – Das Lagertor / der Zaun
[B 06.05] Rudolf Naess: Abmarsch aus dem Tor auf dem Weg zum Steinbruch I

Halt 6 – Das Lagertor / der Zaun
[B 06.06] Flugbild über Struthof B

Halt 6 – Das Lagertor / der Zaun
[B 06.07] Lagereingang mit amerikanischem Militärfahrzeug. NARA Bild Nr. SC 327 746 C

Halt 6 – Das Lagertor / der Zaun
[B 06.08] Zaun von innen mit zwei Wachtürmen. NARA Bild Nr. SC 196 998 C

Halt 6 – Das Lagertor / der Zaun
[B 06.09] Zaun von außen mit Baracken im Hintergrund. NARA Bild Nr. SC 196 902 C

Halt 6 – Das Lagertor / der Zaun
[B 06.10] Doppelzaun B

Halt 6 – Das Lagertor / der Zaun
[B 06.11] Plakat: Achtung! Lagerbereich B

Halt 6 – Das Lagertor / der Zaun
[B 06.12] Lagereingangstor im Winter (2006) L

Halt 6 – Das Lagertor / der Zaun
[B 06.13] Entwurf der Bauleitung für das Lagertor „Arbeit macht frei" vom 22. 4. 1942 M

Halt 3 – Restaurant „Le Struthof“
[B 03.05.a] Prospekt „Luftkurort Struthof“ B
Halt 3 – Restaurant „Le Struthof“
[B 03.05.b] Prospekt „Luftkurort Struthof“ Rückseite B
Halt 4 – Kramer-Villa
[B 04.01] Kommandantenvilla mit Schwimmbecken B
Halt 4 – Kramer-Villa
[B 04.02] Kommandant Josef Kramer in Uniform. NARA Bild Nr. R9549 Box 530 C
Halt 4 – Kramer Villa
[B 04.03] Drei SS-Wachmänner an Weihnachten. NARA Bild Nr. R 9549 Box 530 C
Halt 5 – Kurzaufenthalt im CERD
[B 05.01] Das Gebäude des Europäischen Zentrums M
Halt 5 – Kurzaufenthalt im CERD
[B 05.02] Der Empfangsraum des Europäischen Zentrums O
Halt 6 – Das Lagertor / der Zaun
[B 06.01] Henri Gayot: „Le piquet“. Strafstehen hinter dem Lagertor E
Halt 6 – Das Lagertor / der Zaun
[B 06.02] Henri Gayot: „Tentative d' évasion“. Fluchtversuch E
Halt 6 – Das Lagertor / der Zaun
[B 06.03] Rudolf Naess: Karte des Lagers Natzweiler I
Halt 6 – Das Lagertor / Zaun
[B 06.04] Rudolf Naess: Deutscher Wachposten (Josef Kramer) am Eingangstor mit Turm und Uhr I
Halt 6 – Das Lagertor / der Zaun
[B 06.14] Lagergelände von außen M
Halt 6 – Das Lagertor / der Zaun
[B 06.15] Plan des Lagergeländes mit den einzelnen Halten M
Halt 7 – Der Alltag hinter Stacheldraht (Appell, Lagerordnung, Unterdrückung)
[B 07.01] Henri Gayot; „Nuit et brouillard“. Nacht-und-Nebel-Häftlinge beim Appell. E
Halt 7 – Alltag hinter Stacheldraht (Appell, Lagerordnung, Unterdrückung)
[B 07.02] Henri Gayot: „L' appel“. Appell mit Blockführer Fuchs E
Halt 7 – Der Alltag hinter Stacheldraht (Appell, Lagerordnung, Unterdrückung)
[B 07.03] Henri Gayot: „Rentrée du travail“. Rückkehr von der Arbeit, Häftlingsgruppe geht durch das Tor. E
Halt 7 – Der Alltag hinter Stacheldraht
[B 07.04] Henri Gayot: „Corvée de soupe“. Essensausgabe E
Halt 7 – Alltag hinter Stacheldraht (Appell, Lagerordnung, Unterdrückung)
[B 07.05] Rudolf. Naess: Appell vor den Baracken. Mit Schriftzug „Natzweiler“ I
Halt 7 – Der Alltag hinter Stacheldraht (Appell, Lagerordnung, Unterdrückung)
[B 07.06] Rudolf Naess: Appellplatz. Abzählen der Häftlinge mit Rapport vor der SS I

Halt 7 – Der Alltag hinter Stacheldraht (Appell, Lagerordnung, Unterdrückung)
[B 07.07] Rudolf Naess: „Wir dachten ans Essen“. Text: „Vi tenkte pa mat – mere mat“ – „Wir dachten ans Essen – immer nur ans Essen.“ I

Halt 7 – Der Alltag hinter Stacheldraht (Appell, Lagerordnung, Unterdrückung)
[B 07.08] Rudolf Naess: Wintermorgen. Häftlinge tragen Essenskübel zum Steinbruch. I

Halt 7 – Der Alltag hinter Stacheldraht (Appell, Lagerordnung, Unterdrückung)
[B 07.09] Lagergelände: Gestufte Baracken von unten. NARA Bild Nr. SC 196 997 C

Halt 7 – Der Alltag hinter Stacheldraht (Appell, Lagerordnung, Unterdrückung)
[B 07.10] Konzert des im Herbst 1943 gegründeten Lagerorchesters auf dem Appellplatz vor der Lagerküche B

Halt 7 – Der Alltag hinter Stacheldraht (Appell, Lagerordnung, Unterdrückung)
[B 07.11] Rudolf Naess: Barackeneinteilung I

Halt 7 – Der Alltag hinter Stacheldraht (Appell, Lagerordnung, Unterdrückung)
[B 07.12] Briefformular für Natzweiler Häftlinge G

Halt 9 – Die „Krankenstation“
[B 09.02] Rudolf Naess: „Läuse“. Auf Tafel im Bild: „Eine Laus dein Tod.“ I

Halt 9 – Die „Krankenstation“
[B 09.03] Rudolf Naess: „Entlausung“ von Mithäftlingen I

Halt 10 – Der Arrestbunker (Strafen, Brutalität)
[B 10.01] Henri Gayot: „Gymnastique“. „Leibesübung“. Kollektiv-Prügelstrafen durch Blockführer. E

Halt 10 – Der Arrestbunker (Strafen, Brutalität)
[B 10.02] Henri Gayout: „Retour de Kommando“. „Rückkehr des Arbeitskommandos“. E

Halt 10 – Der Arrestbunker (Strafen, Brutalität)
[B 10.03] Rudolf Naess: „Kapo“. Misshandlung eines am Boden liegenden Häftlings durch den Kapo. I

Halt 10 – Der Arrestbunker (Strafen, Brutalität)
[B 10.04] Katalog von Straftaten mit Anzahl von Prügelstrafen A

Halt 11 – Block 13: Medizinische Experimente
[B 11.01] Prof. August Hirt mit Medizinern bei mikroskopischen Untersuchungen J

Halt 11 – Block 13: Medizinische Experimente
[B 11.02] Versuchstisch mit US-Soldat und ehemaligem Häftling. NARA Bild Nr. SC 196 989 C

Halt 8 – Arbeitskommandos innerhalb und außerhalb des Lagers
[B 08.01] Henri Gayot: „Transport". Häftlinge schleppen Barackenwände zum Lagergelände. E

Halt 8 – Arbeitskommandos innerhalb und außerhalb des Lagers
[B 08.02] Henri Gayot: „Sélection". Appell zur Auswahl von Arbeitsfähigen in der Häftlingsbaracke E

Halt 8 – Arbeitskommandos innerhalb und außerhalb des Lagers
[B 08.03] Henri Gayot: „Corvée". Fronarbeit. NN-Häftlinge mit Schubkarren den Berg hinauf E

Halt 8 – Arbeitskommandos innerhalb und außerhalb des Lagers
[B 08.04] Rudolf Naess: „Steinbruchweg". Sprechblasen: „Los, Los!" Unterschrift im Bild: „Marerittet Steinbruddsveien Skisse RN". „Alptraum Steinbruchweg. Skizze. RN." I

Halt 8 – Arbeitskommandos innerhalb und außerhalb des Lagers
[B 08.05] Rudolf Naess: „Ankunft". Wachmann mit Sprechblase: „Los, schnell!" Bei der Einkleidung der Neuankömmlinge zeigt sich, dass die Anzüge nicht passen. I

Halt 8 – Arbeitskommandos innerhalb und außerhalb des Lagers
[B 08.06] Rudolf Naess: In der Webereibaracke I

Halt 9 – Die „Krankenstation"
[B 09.01] Henri Gayot: „Typhus". E

Halt 12 – Das Krematorium
[B 12.01] Henri Gayot: „Le crématoire". „Das Krematorium" mit rauchendem Schlot. E

Halt 12 – Das Krematorium
[B 12.02] Rudolf Naess: Krematorium. „Ich warte auf dich." Aussage von Josef Kramer: „Der einzige Weg aus dem Lager geht durch den Schornstein des Krematoriums." I

Halt 12 – Das Krematorium
[B 12.03] Rudolf Naess: „Rotglühender Krematoriumsschornstein" I

Halt 13 – Die Aschengrube
[B 13.01] Amerikanischer Soldat vor Urnenregal. NARA Bild Nr. SC 196 987 C

Halt 14 – Der Galgen
[B 14.01] Henri Gayot: „Pendaisons". „Erhängungen" E

Halt 14 – Der Galgen
[B 14.02] Henri Gayot: Erhängter am Galgen, im Hintergrund Krematorium B

Halt 14 – Der Galgen
[B 14.03] Rudolf Naess: Zwei Erhängungen vor den zum Appell angetretenen Mithäftlingen am 2. Juli I

Halt 14 – Der Galgen
[B 14.04] Martin Graf: Stacheldraht und Galgen

Halt 15 – Besuch der Museumsbaracke
[B 15.01] Museumsbaracke: von außen Danielle Sainton

Halt 15 – Besuch der Museumsbaracke
[B 15.02] Museumsbaracke: Raum KZ-Außenlager M

Halt 15 – Besuch der Museumsbaracke
[B 15.03] Skizze der Räume in der Museumsbaracke M

Halt 16 – Der Nationale Ehrenfriedhof und das Nationale Ehrenmal
[B 16.01] Nationaler Ehrenfriedhof M

Halt 16 – Der Nationale Ehrenfriedhof und das Nationale Ehrenmal
[B 16.02] Nationales Ehrenmal und Nationaler Ehrenfriedhof Emanuele Terenzani

Halt 16 – Der Nationale Ehrenfriedhof und das Nationale Ehrenmal
[B 16.03] Nationales Ehrenmal M

Halt 17 – Die Sandgrube (SS-Hinrichtungsort)
[B 17.01] Sandgrube B

Halt 17 – Die Sandgrube (SS-Hinrichtungsort)
[B 17.02] Tomi Ungerer: Konzentrationslager Natzweiler [1997] K

Halt 18 – Der große Steinbruch
[B 18.01] Henri Gayot: „Travaux de terrssement" „Terassenbau". NN-Häftlingsgruppe schleppt Steine zum Terassenbau. E

Halt 19 – Das Europäische Zentrum der deportierten Widerstandskämpfer (CERD)
[B 19.01] Kartoffelkeller [historisches Foto] B

Halt 19 – Das Europäische Zentrum der deportierten Widerstandskämpfer (CERD)
[B 19.02] Plan des Zentrums des Europäischen Widerstands [CERD] N

Halt 20 – Die Gaskammer
[B 20.01] Gaskammer B

Halt 20 – Die Gaskammer
[B 20.02] Gaskammer mit Werkstätten und Garagen im Hintergrund; Erny Gillen vorne auf der Mauer sitzend (1947) F

Halt 20 – Die Gaskammer
[B 20.03] Zerstörter Ofen aus Gaskammer. NARA Bild Nr. SC 196 990 C

Halt 18 – Der große Steinbruch

[B 18.02] Rudolf Naess: „Steinbruddsskisse. RN". „Steinbruchskizze". Mit Aufseher Ernst Jäger, der Ochse genannt. I

Halt 18 – Der große Steinbruch

[B 18.03] Rudolf Naess: „Steinbruch". Neuzugänge müssen Steine schleppen. I

Halt 18 – Der große Steinbruch

[B 18.04] Barackenlager im Steinbruch B

Halt 18 – Der große Steinbruch

[B 18.05] Barackenlager im Steinbruch von oben B

Halt 18 – Der große Steinbruch

[B 18.06] Weg im Steinbruch, im Hintergrund das Barackenlager B

Halt 18 – Der große Steinbruch

[B 18.07] BMW-Motorenwerk im Steinbruch, Halle 6. Alte BMW-Flugzeugmotoren mussten zerlegt werden. B

Halt 18 – große Steinbruch

[B 18.08] Verlegen der Wasserleitungen zwischen Lager und Steinbruch B

Halt 18 – Der große Steinbruch

[B 18.09] Eingang in Steinbruch-Stollen B

Halt 18 – Der große Steinbruch

[B 18.10] Plan des Steinbruchgeländes (September 1944) nach Erny Gillen H

Hinweis an die Nutzer des Handreichung

Wir danken vor allem den Leihgebern

A Bundesarchiv: NS 4/NA/vorl. 8
B Centre européen du résistant déporté (CERD), Natzwiller; Collection Ministère de la défense, Struthof, France
C National Archives and Record Administration (NARA), Washington DC, USA
D Judy Chicago, Through the Flower
E Henri Gayot, Centre européen du résistant déporté (CERD), Natzwiller
F Erny Gillen, Famille Erny Gillen, Luxemburg
G nach E. Gillen: Gestohlene Jugendjahre in den Konzentrationslagern Natzweiler-Struthof und Dachau 1942–1945, Luxemburg 2005, S. 153.
H Erny Gillen / bearbeitet von Christoph Lang
I Rudolf Naess, Rudolf Naess, National Library of Norway, War Collection, 1940–1945. Mit freundlicher Genehmigung des Autors
J D. R., aus Robert Steegmann: Struthof, 2005
K Tomi Ungerer
L Richard Melling
M Christoph Lang
N Centre européen du résistant déporté (CERD), Natzwiller / bearbeitet von Christoph Lang
O picture-alliance/dpa/dpaweb

Eva Bernhardt, geb. 1973, Studienassessorin für Spanisch, Französisch und Geschichte an der Elisabeth-von-Thaddenschule Heidelberg; Lehrbeauftragte für spanische Sprachwissenschaft am Romanischen Seminar der Universität Heidelberg; Mitglied der KZ-Gedenkstätte Neckarelz; Publikationen im Bereich der spanischen Sprachwissenschaft; Übersetzung zusammen mit Tobias Markowitsch von Roger Farelle: „Ich bin ein Überlebender der Neckarlager" (Hörbuch 2005); lebt in Heidelberg.

Verena Frank, geb. 1977, Studentin BA Politikwissenschaften und Soziologie; Mitarbeiterin an der Gedenkstätte Mannheim-Sandhofen; lebt in Mannheim.

Brigitta Isermeyer, geb. 1950, Realschullehrerin i. R.; Mitglied der pädagogischen Arbeitsgruppe der KZ-Gedenkstätte Vaihingen an der Enz, Betreuerin der Jugendgruppe HiSTO-RIES; Mitautorin des Medienkoffers zum KZ „Wiesengrund" (2002); lebt in Ensingen bei Vaihingen/Enz.

Eberhard Röhm, geb. 1928, Dr. päd. h. c., Pfarrer i. R., bis zum Ruhestand 1993 Dozent am Pädagogisch-Theologischen Zentrum der Evang. Landeskirche in Württemberg in Stuttgart-Birkach; Vorsitzender der KZ-Gedenkstätteninitiative Leonberg e. V.; Mitautor von „KZ und Zwangsarbeit in Leonberg" (2001); zahlreiche Publikationen zur kirchlichen Zeitgeschichte, u. a. zusammen mit Jörg Thierfelder: „Juden–Christen–Deutsche", Bd. 1–4 (1990-2007); lebt in Leonberg.

Maria Würfel, geb.1939, Gymnasialprofessorin a. D., bis zum 1. 8. 2004 Fachberaterin für Geschichte beim Oberschulamt Stuttgart; auch nach der Pensionierung weiterhin Sonderauftrag des Kultusministeriums für Landes-, Regional- und Lokalgeschichte; zahlreiche Veröffentlichungen in Fachzeitschriften, als Monografien und neuerdings auch im Internet. Schwerpunkte sind Lernortpädagogik sowie Projektunterricht; Schulbuchautorin; lebt in Schwäbisch Gmünd.

Felix Köhler, geb. 1989, Schüler am Stromberg-Gymnasium Vaihingen/Enz; Gründungsmitglied der Jugendgruppe HiSTORIES in der KZ-Gedenkstätte Vaihingen an der Enz; lebt in Horrheim.

Tobias Markowitsch, geb. 1977, Studienrat für Geschichte und Deutsch am Bismarck-Gymnasium Karlsruhe; seit 1993 ehrenamtlicher Mitarbeiter der KZ Gedenkstätte Neckarelz e. V.; zusammen mit Kattrin Rautnig Autor von „Goldfisch und Zebra. Die Geschichte des Konzentrationslageraußenkommandos Neckarelz“ (2005); Übersetzung zusammen mit Eva Bernhardt von Roger Farelle: „Ich bin ein Überlebender der Neckarlager“ (Hörbuch 2005); lebt in Heidelberg.

Richard Melling, geb. 1952, Hauptschullehrer; Mitglied der KZ-Gedenkstätte Neckarelz; lebt in Mosbach.

Kattrin Rautnig, geb. 1977, Gymnasiallehrerin für Geschichte und Deutsch am Melanchthon-Gymnasium Bretten; Mitglied der KZ-Gedenkstätte Neckarelz; zusammen mit Tobias Markowitsch Autorin von „Goldfisch und Zebra. Das Konzentrationslageraußenkommando Neckarelz“ (2005); lebt in Heidelberg.

lpb
Landeszentrale
für politische Bildung
Baden-Württemberg

Landeszentrale für politische Bildung Baden-Württemberg
Fachbereich Gedenkstättenarbeit
Paulinenstrasse 44–46
70178 Stuttgart
Telefon: 0771 164099-31, Fax -55

Landesarbeitsgemeinschaft der **Gedenkstätten** und **Gedenkstätteninitiativen** in Baden-Württemberg

IMPRESSUM

Herausgeber: Landeszentrale für politische Bildung Baden-Württemberg in Zusammenarbeit mit der Landesarbeitsgemeinschaft der Gedenkstätten und Gedenkstätteninitiativen in Baden-Württemberg

Autoren: Eva Bernhardt, Verena Frank, Brigitta Isermeyer, Felix Köhler, Tobias Markowitsch, Richard Melling, Kattrin Rautnig und Eberhard Röhm

Bildrecherche: Lorenz Hofmann, Katrin Spott

Einführung zur Didaktik des Gedenkstättenbesuchs (auf CD-ROM): Maria Würfel

Redaktion: Eberhard Röhm (federführend), Konrad Pflug (LpB)

Aktualisierung: Sibylle Thelen (LpB), Torsten Liebig

Grafik und Layout: Medienstudio Christoph Lang, www.8421medien.de

Druck: Wahl-Druck GmbH, 73431 Aalen, www.wahl-druck.de

Umschlagbild: Christoph Lang

Bildnachweise: Siehe Seiten 55–57

Abgabe gegen Schutzgebühr.
Vertrieb über die Landeszentrale für politische Bildung Baden-Württemberg
Stafflenbergstr. 38, 70184 Stuttgart
Fax: 0711.164099-77
marketing@lpb.bwl.de – www.lpb-bw.de

2. aktualisierte Auflage Stuttgart 2014

ISBN 978-3-945414-10-1